Igumen Nikon

Briefe eines russischen Starzen
an seine geistlichen Kinder

W0012204

Igumen Nikon

Briefe
eines russischen Starzen
an seine
geistlichen Kinder

*Mit einem Vorwort
von Tatjana Goritschewa*

Aus dem Russischen
von Lorenzo Amberg

Herder

Freiburg · Basel · Wien

Russische Originalausgabe:
Igumen Nikon. Pis'ma duchovnym detjam, Paris 1979
© YMCA-Press, Paris
© für das Vorwort Tatjana Goritschewa
Die Anmerkungen stammen, sofern nicht anders angegeben,
vom Übersetzer

Umschlagbild: Kathedrale von Kargopol (1562)
(Quelle: North Russian Architecture, 1972)

Alle Rechte vorbehalten – Printed in Germany
© Verlag Herder Freiburg im Breisgau 1988
Herstellung: Freiburger Graphische Betriebe 1988
ISBN 3-451-20846-6

Igumen Nikon
1894–1963

Inhalt

Ein Aufruf zur Unmöglichkeit.
Die Starzen als geistliche Väter

Von Tatjana Goritschewa

Warum gehen Leute zu Starzen? Um Rat und Heilung zu erbitten, zur Beichte. Und um frei zu werden. Ich Sünderin habe das an mir selbst erfahren. In der Nähe eines Starzen erfüllt einen ein Gefühl unbeschreiblicher und unerhörter Freude, das Herz frohlockt, alles Bedrückende weicht, und Friede zieht in die Seele ein: es ist das Gefühl der Befreiung.

Was mich bei den Starzen immer stark beeindruckt hat, ist ihre Einfachheit. Scheinbar ist nichts leichter als so zu sein wie sie, doch wie trügerisch ist dieser Eindruck! Wie man den Bewegungen eines großen Tänzers weder die Anstrengung noch die langjährige Arbeit ansieht, bemerkt man auch beim Starzen nichts „Angelerntes" oder Erworbenes. Gott fragt uns und wir antworten ihm ... nach einer gewissen Zeit. Bei den Heiligen verstreicht zwischen Frage und Antwort keine Frist. Deshalb sind sie auch so unfaßbar einfach: sie sind mit Gott zeitgleich und raumgleich.

Auch die Schönheit der Starzen überrascht; sie ist Ausdruck jener Friedfertigkeit, die der Mensch am Ende aller Stürme und Tragödien erwirbt, der Katharsis. Die Starzen sind überaus empfindlich für die Leiden der Welt, sie sind zerbrechlich und unmöglich (wie ja der Mensch das am wenigsten wahrscheinliche Lebewesen ist), doch gleichzeitig begreift man, wenn man sie sieht, daß es für sie keine Grenzen gibt. Sie kennen weder Angst noch Schlauheit, und auch das „Verdrängen" und andere Verteidigungsmechanismen sind ihnen fremd. Sie gehen ganz im Vertrauen zu Gott auf, einem Vertrauen, das sie furchtlos und verwegen macht. Wir ehemaligen Skeptiker und Verehrer der wissenschaftlichen Erkenntnis haben bei den Starzen gelernt, verwegen zu sein. Der Verstand erkennt nur das, was vor seinen Augen liegt, das, was ist. Der Glaube aber eilt voraus, in die Zukunft, er erweitert den Raum, dehnt die Zeit aus und setzt neue Maßstäbe.

Es gibt heute in der Welt keine Leitbilder mehr – der Westen ist wie der Osten vom Tode des Vaters gekennzeichnet. Deshalb ist es ein großes Glück, daß der Gläubige in Rußland trotz aller Verfolgungen weiß, an wen er sich wenden kann. Wir haben Beichtväter, die nicht nur Sünden erlassen, sondern uns als geistliche Väter ins himmlische Jerusalem geleiten. Der Beichtvater ist Zeuge der Reue, die sein geistliches Kind vor Gott zeigt, mehr noch: er fühlt sich Gott gegenüber für die Sünden des ihm anvertrauten Menschen gleichsam verantwortlich und nimmt sie auf sich.

Die heutigen russischen Starzen schreiben nicht Bücher (das hat es auch früher nur selten gegeben). Ein Buch ist etwas Abstraktes, die Starzen aber sind die Liebe, die nicht verallgemeinert, nicht analysiert und nicht theoretisiert. Die Starzen schreiben Briefe. Sie wenden sich stets an eine konkrete Person und schreiben aus einem konkreten Anlaß. Wer immer einem Starzen begegnet ist, weiß, wie bedeutsam diese Konkretheit ist. Wenn wir die Briefe des Igumen Nikon nach 30 Jahren lesen, vermögen wir leider manches nicht mehr zu würdigen, ich meine besonders das unsichtbare Geheimnis der wärmespendenden Liebe, welche die direkte Begegnung kennzeichnet.

Ich kann sagen, daß es keine tiefere, echtere und heilsamere Beziehung gibt als diejenige zwischen dem Starzen und seinem Schüler. Namentlich ist diese Beziehung *unmittelbar*, sie vollzieht sich „von Angesicht zu Angesicht". Die Heiligkeit hat keine Vermittler; deshalb ist sie auch in einer Welt, wo die Erfahrung durch Fernsehen und Video ersetzt wird, so rar geworden. Der Starez ist voll und gegenwärtig, hier und jetzt, und er liebt so, daß er ganz Auge und ganz Ohr wird und sich vollständig in den Andern hineinversetzt. Von daher auch die Scharfsinnigkeit des Starzen, der in Gesichtern liest wie in Büchern. Ein großes Glück ist es, einen solchen Lenker zu haben: der Starze kann Dir alles sagen, ohne Dich zu beleidigen oder zu verletzen.

Die Starzen schreiben gerade deshalb keine Bücher, weil sie so großartige Pädagogen sind. Ihre Antwort ist stets die einzig mögliche, die absolut genaue und notwendige. Ich habe selbst gesehen, wie russische Starzen – seien sie nun gebildet oder halbe Analphabeten – niemals die Fassung verlieren, weder vor dem zeitgenössischen, intellektuellen Neophyten noch vor dem einfachen Mütterchen noch vor dem Yogi, auch nicht vor dem gottsuchenden Gelehrten oder vor dem Atheisten. Niemand verläßt die Zelle des Starzen ohne Trost, ohne Vollendung: die Ängstlichen fassen Mut, die Stolzen erwerben Sanftmut und die Prahler werden still – der Hl. Geist, der Tröster, schafft in ihnen allen Harmonie und Frieden. Bisweilen sammeln sich vor der Zelle eines Starzen Menschen, die sich um die herauskommenden Besucher drängen, um sie, die von der Gnade der Begegnung Getroffenen, zu sehen, ja zu berühren.

Die Starzen sind Pädagogen, mehr noch: sie wissen, daß jeder Mensch zur Vergöttlichung aufgerufen ist. Und es ist gerade dieser Aufruf zum Unmöglichen, welcher den heutigen Menschen anzieht, ihn, der das Gemeine, die Eitelkeit und die Lächerlichkeit alles Irdischen erkannt hat und ungeachtet seiner Sündigkeit nach Höherem strebt. „Ihr sollt vollkommen sein, gleichwie euer Vater im Himmel vollkommen ist" (Mt 5, 48). Warum wird man denn sonst Christ? Die Starzen verkörpern das Unmögliche der Heiligkeit und fordern dasselbe von ihren Mitmenschen.

Die Mehrzahl der russischen Starzen lebt heute in den Klöstern, doch gibt es auch welche in der Welt, in Pfarrgemeinden. Fast alle, die in Rußland bekannt sind, wie der Igumen Nikon, haben die schlimmsten Verfolgungen erlitten: Gefängnisse, Lager, Irrenanstalten, Mißhandlungen. Manche haben im Gulag Dutzende von Jahren in der Gesellschaft von Verbrechern ausharren müssen, wo ihr Glaube stark und rein geworden ist. Das Leiden fassen die Starzen, ja das russische Volk insgesamt, als etwas Natürliches auf, da man „durch viel Trübsale in das Reich Gottes gehen" muß (Apg 14, 22). Von ihrer Leidenszeit (und überhaupt von sich selbst) sprechen sie nicht – in ihren Augen haben ja nicht sie gelitten, sondern Christus. Sie werden sich auch nie über das ihnen widerfahrene Unrecht beklagen, da sie wissen, daß Gott unendlich barmherzig ist und daß alles, was er uns herabsendet, uns zum Wohl gereicht.

Das Starzentum ist nicht eine Stufe der kirchlichen Hierarchie, sondern eine besondere Art von Heiligkeit, die jedermann zugänglich ist. Starez kann ein Mönch ohne den geringsten geistlichen Rang sein, ebenso ein Bischof oder auch eine Frau. Während sich der kirchlichen Obrigkeit alle orthodoxen Gläubigen zu fügen haben, ist die Autorität des Starzen für niemanden zwingend, da sich durch ihn unmittelbar der Wille Gottes offenbart. Das Kirchenvolk weiß dies und anerkennt denn auch die Starzen; ihr Wort hat absolute Gültigkeit. Diese spontane Autorität kommt daher, daß die Starzen tatsächlich helfen und „die Geister zu unterscheiden" wissen; viele Klöster hätten ohne ihren Starzen schon längst aufgehört, Klöster zu sein; ohne den weisen Beichtvater, der den Mönchen untersagt zu richten und Neid und Grüppchengeist zu nähren. Niemand wagt es, den Rat des Starzen zu mißachten, niemand kritisiert seine Worte oder diskutiert darüber. Man spricht von ihm voller Ehrfurcht und Zärtlichkeit.

Die Starzen vermögen durch ihr Leben im unablässigen inneren Gebet auch den Neugetauften zu helfen. Die heutige religiöse Wiedergeburt in Rußland ist im wesentlichen eine Wiedergeburt des Gebets und des mystischen und asketischen Lebens. Dieser Weg aber ist einer der gefahrvollsten, wenn nicht der gefahrvollste überhaupt. Ein Asket hat einmal gesagt: Fürchtet euch vor nichts, nicht einmal vor der Sünde; fürchtet euch nur vor dem Gebet (d. h. vor dem falschen Beten). Die Schreibende ist Neophyten begegnet, die lange, aber falsch beteten, ja einige von ihnen endeten sogar in der psychiatrischen Klinik. Die Gesetze der Askese sind streng, diamanten hat sie der russische Religionsphilosoph und Naturwissenschaftler Pawel Florenskij genannt. Beten lehren kann nur, wer sich, wie die erfahrenen Starzen, selbst in ein Gebet verwandelt hat.

Auf allen Gebieten des so komplexen und verworrenen modernen Lebens braucht es den klaren Rat des Starzen. Und selbst wenn wir in den Briefen des Igumen Nikon längst Bekanntes finden – etwa die Ausführungen über die Demut – wissen wir, daß an diesen Ratschlägen nichts banal ist. Banal, abgegriffen und gesichtslos wird etwas, wenn die Worte unnütz ausgesprochen werden und nirgends hinführen. Die Starzen indes sagen nie etwas Überflüssiges. Ihr geistliches Leben ist von einer großen Spannung getragen, und zwei Pole werden durch die eine Glaubenstat, durch das Paradox der Heiligkeit, verbunden.

Der eine Pol ist das Mit-Leiden: die Starzen verfügen über die ganz besondere Fähigkeit, auch für das kleinste Leiden der Geschöpfe Gottes Rührung zu empfinden. Ihr Herz ist entblößt und reagiert auf jedes Stöhnen und auf jeden Seufzer. Sie haben gleichsam keine Haut. Wie oft habe ich beobachten können, wie ein Starez alle unbeschwerteren und ruhigeren Besucher stehen ließ und auf das zerbrechlichste, vielleicht sündigste seiner Kinder zueilte, um dessen Trübsal zu lindern.

Der andere Pol ist die Strenge, die ihren Ursprung in der Liebe hat. Der Starez sieht unsere Sünden, unseren Unrat und unsere Häßlichkeit besser als wir selbst, und doch sagt er sich nicht los von uns (dies scheint mir bis heute unglaublich), verachtet uns nicht, im Gegenteil. Er sieht nämlich gleichzeitig auch das verschüttete Ebenbild Gottes in uns und fordert mit dem ganzen Erfindungsgeist der wissenden Liebe unsere Rückkehr zur „früheren Herrlichkeit".

Paradoxe allenthalben. Der Glaube ist nicht eindimensional, er ist verstandesmäßig nicht erfaßbar und man kann auch nicht über ihn verfügen wie über ein lebloses Objekt. In den Briefen des Starzen Nikon stoßen wir öfters auf das segensreiche Paradox des Glaubens, etwa auf den Gedanken, daß „die Sünden helfen können, Demut zu erlangen". Schauen wir uns das etwas näher an. Wir haben es hier nicht mit der Hegelschen Dialektik des Übergangs des Schlechten zum Guten zu tun, nicht mit einer Rechtfertigung des Bösen, sondern gerade mit dem Gegenteil davon. Der Christ ist nicht berechtigt, sich auf den Standpunkt der Hegelschen Geschichtsphilosophie zu stellen und auch nicht, mit

Leibniz zu sagen, alles diene dem Guten in der besten aller Welten. Das christliche Paradox kann nicht als eine rationalistische Rechtfertigung verstanden werden. Wir stehen hier nicht einer Dialektik gegenüber, sondern dem Geheimnis der göttlichen Gnade, einem Geheimnis, das der Gläubige ohne Fragen und ohne Zweifel annimmt, das aber trotzdem ein Geheimnis bleibt.

Die größten Heiligen haben sich stets für große Sünder gehalten. Sich selbst demütigend, fanden sie durch den Hl. Geist zur Demut Gottes – der christliche Gott, der sanftmütige und gekreuzigte Gott „wird das zerstoßne Rohr nicht zerbrechen und den glimmenden Docht nicht auslöschen" (Jes 42, 3 und Mt 12, 20).

Die Demut ist der Weg zum echten, realen Dasein. Ich halte das Verschwinden des Begriffs der Sünde und des Sünders im westlichen Christentum für verhängnisvoll. Der Mensch kann auf diese Art nicht nur Gott, sondern nicht einmal sich selbst erkennen, da er einem unwahrhaftigen, irrealen Wechselspiel von Optimismus und Pessimismus verhaftet bleibt.

In Hegels und Marx' Geschichtsphilosophie richtet der Mensch und nicht Gott; deshalb wirkt alles so unecht. Jedermann sieht ja ein, daß ein Verbrechen ein Verbrechen bleibt, auch wenn es damit gerechtfertigt wird, es diene dem sogenannten Fortschritt.

Der Starez Nikon sagt, sogar Sündigen sei besser als die selbstzufriedene, äußerliche Rechtschaffenheit, da es nichts Schlimmeres als Stolz gebe. Oft bleibt Gott nichts anderes übrig, als den Menschen in die Sünde zu werfen, damit er seine Unvollkommenheit erkenne und demütig werde. Das heißt aber nicht etwa, man müsse „sündigen, um hernach zu bereuen" (das wäre die Hegelsche Perspektive), sondern daß das Sündigen – gleichsam in Gottes Hand – Teil Seines barmherzigen Heilsplanes ist.

Manch einem Leser werden diese Briefe des weisen Starzen in manchen Passagen nichtssagend vorkommen. Alles hängt davon ab, von wem und wie sie gelesen werden. Geistliche Texte wie die der Kirchenväter oder die Hl. Schrift sind anders zu lesen und zu verstehen als wissenschaftliche oder literarische Werke. Auch wenn manches schon bekannt ist und man vieles schon gehört und verstanden hat, stößt man doch immer wieder auf Neues. Unvermutet leuchtet hier und dort ein Gedanke auf, den Du gerade in diesem Augenblick in seiner ganzen Tiefe begreifst, und über den Du früher hinweggelesen hast. Es ist, als hätte man nicht einen Text vor sich, sondern eine Ikone, etwa das strenge, kanonische Gesicht der Gottesmutter mit fest verschlossenen Lippen und einem ausdruckslosen Gesicht. Und kaum beginnst Du zu beten, tritt die Ikone in ein Zwiegespräch mit Dir, die Gottesmutter lächelt und wird zur Zärtlichkeit selbst. Selbst ihre Strenge ist nicht zufällig, mahnt sie doch: „Freut euch des Herrn mit Furcht".

So ist es auch mit diesen Briefen. Ich lese sie nicht zum erstenmal, und eben habe ich darin wieder etwas entdeckt, was mich früher nicht berührte, den Gedanken nämlich, daß der Unglaube eine ebensolche Leidenschaft ist wie Unzucht, Hoffart, Stolz usw. Der Unglaube ist also nicht einfach eine verneinende Geisteshaltung, nicht etwas „Neutrales", sondern eine Krankheit. Man denkt dabei an die Worte eines Helden Dostojewskijs: „Dieser Mensch kann kein Atheist sein, da er heiter ist." Heiter, das heißt innerlich frei, frei von Leidenschaften und von jeglicher Knechtschaft.

Das ist es gerade: vor Gott gibt es kein Entrinnen. Ihm gehorsam zu sein, ist die einzige Möglichkeit, frei zu bleiben. Wenn wir nicht bei ihm im frei gewählten Gehorsam verharren wollen, geraten wir in die schrecklichste, jämmerlichste und lächerlichste Knechtschaft. Die Dämonen und die vom Bösen beherrschten Menschen können ein sehr beredtes Zeugnis von der Existenz Gottes ablegen. Vielleicht ist es im ersten atheistischen Staat der Welt auch deshalb so leicht zu sehen, daß sich alles nach Gottes Willen vollzieht.

Beim Lesen der Briefe des Starzen Nikon erinnere ich mich an meine Begegnungen mit anderen russischen Starzen. Nach jeder solchen Begegnung war mir klar, daß es darin nichts Zufälliges gab und daß selbst die scheinbar unbedeutendsten Wörter sich später als wichtig erwiesen. Die Gegenwart eines Starzen machte die Welt zum Spiegel von Gottes Willen. Der Himmel brach in jedem Stocken durch, in jeder Geste und in jeder – anfänglich – unverständlichen Wendung, die das Gespräch nahm. Wie sehr ist es zu wünschen, daß diese Briefsammlung des großen Starzen Nikon für den literarisch verwöhnten westlichen Leser mehr als bloß eine zufällige Begegnung werde.

Briefe des Starzen Nikon (Worobjow)
an seine geistlichen Kinder

Mein lieber …!

Von alldem, was es zu Deinem Brief zu sagen gibt, führe ich nur das Wichtigste aus. Gottes Weisheit ist so groß, daß der Herr auch das Böse dem Menschen zum Nutzen gereichen lassen kann. Dieser Gedanke ist von vielen heiligen Kirchenvätern ausgesprochen worden, und es geht dabei um Folgendes: Der Mensch kann sein Seelenheil durch den Glauben und durch die Erfüllung aller Gebote erlangen. Die Erfüllung der Gebote verändert die Psyche des Menschen, sie erneuert ihn, macht ihn neu nach dem Bild Gottes, genauer nach dem Bild unseres Erlösers Jesus Christus. Die Haupteigenschaft des neuen Menschen ist die *Demut* („Lernet von mir, denn ich bin sanftmütig und von Herzen demütig", Mt 11,29). Ohne sie bringt uns selbst die Erfüllung sämtlicher Gebote Gott nicht nur nicht näher, sondern macht uns gar zu Gottes Feinden, denn wenn die Demut fehlt, tritt an ihre Stelle unweigerlich der Stolz. Gerade auf diese seelische Eigenschaft bezieht sich, so scheint mir, der Gedanke des Evangeliums, daß der „unsaubere Geist" nach seiner Austreibung aus dem Menschen umherirrt und sein Haus gekehrt und geschmückt, aber leer vorfindet; dann nimmt er „sieben andere Geister, die ärger sind denn er selbst", und zieht mit ihnen in die Seele ein, „und es wird mit dem Menschen hernach ärger, als es vorhin war" (Mt 12, 45). Beim hl. Makarios dem Ägypter [1] ist

---

[1] Einsiedlermönch, geistlicher Ratgeber und Verfasser von Predigten (ca. 300–390).

das Verhältnis der Demut zu den übrigen Tugenden in das Gleichnis vom prunkvollen Gastmahl gekleidet, welches für den König und seine Würdenträger gegeben wird. Da jedoch alles ohne Salz, d. h. ohne Demut zubereitet worden ist, trifft den Verantwortlichen der Zorn des Königs. So sind alle unsere Tugenden ohne die Demut nichtig ... Wenn der Mensch auf sich achtgibt und beständig die Sünde bekämpft, wird ihm klar, wie zutiefst verdorben er ist und wie stark sein ganzes Wesen von Stolz durchdrungen ist. Jeden Dünkel, jede Selbstgefälligkeit und jeden Hochmut besiegen heißt soviel wie die ganze Sünde besiegen. Und da stellt sich nun heraus, daß die Sünden dem Menschen helfen können, Demut zu erlangen (vorausgesetzt, man mache niemanden und nichts für seine Verfehlungen verantwortlich, sondern suche die Schuld bei sich selbst, was völlig richtig ist). An allem ist der Mensch selbst schuld, die Umstände aber und der Teufel leisten nur Beihilfe zur Sünde und verführen dazu. Die Entscheidung selbst trifft indes der Mensch, der denn auch die ganze Verantwortung dafür trägt. Das bestätigen die Gewissensbisse nach der Sünde.

Im Kampf gegen die Sünde, in sich selbst vertieft und ständig diesen oder jenen Sünden verfallend, erkennt der Mensch seine Verdorbenheit und seine Schwäche nicht theoretisch, sondern durch Erfahrung, und auf diese Weise erwirbt er allmählich die Demut. Stets und überall von der Sünde besiegt, fällt er schließlich reumütig in Tränen vor dem Herrn nieder und gesteht seine Sündhaftigkeit und seine Unfähigkeit, die Sünde selber zu überwinden, und fleht den Herrn an: „Gott, wenn du willst, kannst du mich reinigen" (Mt 8, 2) – so sprach der Aussätzige –, „aber allein kann ich nichts machen." Alsbald erfährt der Mensch Gottes große Barmherzigkeit ihm, dem Sünder, gegenüber, gewährt ihm doch der

Herr bei aufrichtiger Reue seinen Schutz, nimmt die Sünden von ihm und heilt die Wunde, welche die Sünde in die Seele geschlagen hat. Aus eigener Erfahrung gelangt der Mensch zur Erkenntnis des göttlichen Seins und der göttlichen Fürsorge. (...)

So wird unser Sündigen aus etwas Schlechtem zur Grundlage des größten Wohls. Darin ist Gottes wunderbare Weisheit, wie in allem.

Deshalb, mein lieber ..., verzweifle nicht, wenn Du eine Sünde begehst, sondern bekenne sie, ohne jemanden anzuklagen; werde demütig, gestehe Dir Deine Schwäche in allem ein und bitte den Herrn, er möge seine heiligen Gebote in Dir bekräftigen. Doch heißt das nicht etwa, du sollest aufhören, die Sünde mit voller Kraft zu bekämpfen. Die Art, wie der Kampf zu führen ist, soll man bei den heiligen Kirchenvätern lernen. Man hat auch die Umstände vorauszusehen, welche einen Sieg oder eine Niederlage begünstigen können, und sie entsprechend zu suchen oder zu meiden. Das wichtigste aber ist, beim Erscheinen sündiger Absichten ohne Unterlaß Gott aus vollem Herzem und im Bewußtsein unserer Unfähigkeit, die Sünde selber bezwingen zu können, um Hilfe anzuflehen. Sogar wenn Du bereits sündigst, sollst Du dabei Gott anrufen, ohne Dich zu schämen, geistig vor ihn hintreten und sprechen: „Herr, du siehst, was ich tue; erbarme dich meiner, und hilf mir, mich der Gewalt des Teufels zu entziehen." Weine innerlich vor Gott, rufe ihn so oft wie möglich an, er möge Dir in allem helfen, im ganzen Leben, denn es ist schwer, in dieser Welt seinen Geboten nachzuleben. Deshalb weinten die alten Kirchenväter auch über die Menschen unserer Zeit und darüber, daß manche Menschen an den Sünden zugrunde gingen. Noch ein wirksames Mittel gegen jede Art von Sünden gibt es: Sobald Du einer großen Sünde erlegen bist, geh und beichte sie Deinem Beichtvater. Wenn Du das nicht sofort tun kannst, tu es bei der ersten Gelegenheit, und schiebe es auf keinen Fall auf! Wer öfters und sofort beichtet, beweist, daß er die Sünde, die dämonische Gefangenschaft haßt und bereit ist, sich bei der Beichte zu schämen, wenn er nur von der Sünde erlöst und gereinigt wird. Dafür erhält er von Gott fortan den vollständigen Sieg und bleibt auch in diesem Sieg frei von Hochmut und Stolz. Achte darauf! (Des Teufels Netze sind überall.)

So mach es Dir denn zum Prinzip: Bekämpfe die Sünde, soweit Du es vermagst, laß dich von Rückschlägen nicht entmutigen, sondern sei reumütig und rufe Gott an. Lerne die Umstände, die zu einer Sünde führen können, voraussehen, und gehe dem Schädlichen und Gefährlichen aus dem Weg; beichte sofort und erwirb die Demut, indem Du Dir deine früheren und die jetzigen Sünden in Erinnerung rufst. Dann wird Dir der Herr helfen, und Du wirst ein gewandter Streiter Christi sein, der später auch anderen Menschen zu helfen vermag.

Erliege nicht der Faulheit ... Vernachlässige Deine kleine Gebetsregel nicht. Mach es Dir zur Gewohnheit, Dich unbedingt wenigstens einmal pro Stunde – wenn die Möglichkeit besteht und die Kraft ausreicht, auch öfters – an den Herrn und an die Gottesmutter zu wenden und sie um Vergebung und Hilfe zu bitten.

Es stehe Dir der Herr bei mit den Gebeten des hl. Sergius[2] und der übrigen Wundertäter von Radonesch.

---

[2] Sergius von Radonesch (russ. Sergij Radoneschskij), einer der am meisten verehrten Heiligen Rußlands, 1314–1392. Wegbereiter des Mönchtums in Nordrußland, Gründer des Dreifaltigkeitsklosters, das zu einem Zentrum der russischen Spiritualität werden sollte (in Sergiewo, heute Sagorsk, 70 km nördlich von Moskau). Fest am 25. September/8. Oktober.

Meine lieben ...!

Frieden wünsche ich Euch, den Frieden Gottes, welcher jeden Verstand übersteigt und den Menschen mit Gott vereint. Damit aber dieser Friede Segen bringe, muß man sich selbst bemühen, seine Seele friedlich zu stimmen, die Fehler der Mitmenschen zu ertragen und ihnen sämtliche Kränkungen zu verzeihen.

„Der eine trage des anderen Last, und so werdet ihr Christi Gesetz erfüllen" (Gal 6, 2); wer aber das Gesetz Christi erfüllt, wird auch mit dem Frieden Christi gesegnet werden, welcher über dem gewöhnlichen menschlichen Verstand steht. Dieser Friede macht den Menschen gegen irdisches Leid und Leiden unempfindlich, läßt jedes Interesse an dieser Welt erlöschen, erhebt uns und läßt im Herzen Liebe zu allen Mitmenschen keimen, eine Liebe, welche über sämtliche Unzulänglichkeiten des Nächsten hinwegsieht und die in uns für den anderen mehr Mitleid erweckt als für uns selbst. Zu diesem Frieden sind denn auch alle aufgerufen, die an Christus glauben, besonders aber die Mönche. Wenn wir diesen Frieden indes nicht haben, wollen wir wenigstens vor Gott beweinen, daß wir bettelarm, krank und bar alles Guten sind, und wir werden aufhören, einander zu verurteilen und mit Vorwürfen zu überhäufen, da wir ja selbst zu nichts nütze sind und Gefahr laufen, vom Herrn verworfen zu werden. „Wir heilen Babel; aber sie will nicht heil werden" (Jer 51, 9). Wie lange wird Gott mit uns noch Geduld haben? Mit der Liebe Gottes hängt die Wahrheit Gottes zusammen, nach der Adam aus dem Paradies vertrieben und die Sintflut zugelassen wurde, Sodom und Gomorra verbrannten und der Herr Jesus Christus für unsere Sünden gekreuzigt wurde. Üben wir also Demut voreinander und vor Gott, beweinen wir unsere unverheilten Wunden, und halten wir einander nach Kräften zur Nächstenliebe an. Dann wird der Herr für unsere Demut und Geduld dem Mitmenschen gegenüber auch uns nach dem Gesetz dulden: „Mit welcherlei Maß ihr meßt, wird euch gemessen werden" (Mt 7, 2). Wenn wir uns aber kampflos den Leidenschaften ergeben, was kann uns anderes erwarten als die Verstoßung? Das Reich Gottes ist das Reich des Friedens, der Liebe, der Freude, der Sanftmut usw.; mit den gegenteiligen Eigenschaften aber werden wir keinen Einlaß ins Reich Gottes erhalten. Wir müssen uns bezwingen, wir müssen die Fäulnis unserer Seele beweinen und wie der Aussätzige darum flehen, der Herr möge uns heilen und läutern. „Bittet, dann wird euch gegeben; sucht, dann werdet ihr finden; klopft an, dann wird euch aufgetan" (Mt 7, 7) – die Türen der Reue, des Weinens und der Ergriffenheit, durch welche der Frieden und das Heil kommen. So geschehe es!

*

1952

… Die Menschheit insgesamt und jeder einzelne Mensch befinden sich in einem schlimmen Zustand des Verfalls und der Verdorbenheit, und der Mensch selbst vermag sich nicht aus eigenen Kräften zu bessern und zu retten und sich als des Reiches Gottes würdig zu erweisen. Den Menschen bessert der Herr Jesus Christus – deswegen ist er auch in die Welt gekommen; er bessert diejenigen, die an ihn glauben und ihre Verdorbenheit oder, wie wir eher zu sagen pflegen, ihre Sündhaftigkeit erkennen. So sagt es der Herr auch: Ich bin nicht gekommen, die Gerechten zu retten (d. h. jene, die sich für gerecht und gut halten), sondern die Sünder zur Buße aufzurufen; jene also, die ihre Verdorbenheit, ihre Sündhaftigkeit und ihre Unfähigkeit, sich selbst zu bessern, erkannt haben; jene, die Jesus Christus um Hilfe bitten oder, besser gesagt, ihn um Gnade anflehen, um Waschung der Sündengeschwüre, um Heilung vom seelischen Aussatz und um die Erlangung des Reiches Gottes ausschließlich durch Gnade und nicht durch irgendwelche guten Werke.

Wer den geistlichen Weg richtig geht, findet bei sich zunächst immer mehr Sünden, bis er sich am Ende mit seinem geistlichen Auge ganz in Sünden, im seelischen Aussatz sieht und von ganzem Herzen spürt, daß er unwürdig ist, auch nur den Namen Gottes anzurufen. Dann wird er wie der Zöllner voller Schmerz beten, ohne es zu wagen, die Augen aufzuheben: Herr, sei mir Sünder gnädig! Verweilt der Mensch lange Zeit in diesem seelischen Zustand, wird er auch gerechtfertigt wieder aus ihm herauskommen wie der Zöllner.

Hält sich jedoch der Mensch für gut und seine einzelnen, auch die schweren Sünden für zufällig, in der Meinung, schuld daran sei weniger er selbst als alle möglichen äußeren Umstände oder Personen oder Dämonen, so ist diese Haltung verlogen: Es wäre dies ein Zustand des Trugs, wovor uns der Herr alle behüten möge.

Um auf dem rechten Pfad zu wandeln, muß man auf sich achtgeben und seine Taten, Worte, Absichten, Neigungen usw. mit den Geboten Christi vergleichen und sich dabei in nichts rechtfertigen, sich nach Möglichkeit bessern, die Mitmenschen weder anklagen noch richten, schließlich vor dem Herrn Reue zeigen und Gott und den Menschen Demut erweisen: dann wird der Herr uns allmählich unsere Sündhaftigkeit, unsere Verderbnis und unsere unbeglichene Schuld erkennen lassen. Der eine schuldet 500 Groschen, der andere 50, beide können sie aber ohnehin nicht bezahlen (Lk 7, 41 f.).

Der Herr erläßt in seiner Güte beiden ihre Schuld. Das heißt, es gibt keinen solchen Gerechten, der die Gnade des Erlösers nicht benötigte.

Das ist Gottes Weisheit! Ein offener Sünder kann eher reumütig werden, zu Gott finden und seine Seele retten als der äußerlich Gerechte. Deshalb hat Jesus Christus auch gesagt, die Zöllner und die Sünder gingen vor manchen sich für gerecht Haltenden in sein Reich ein.

Nach Gottes großer Weisheit tragen die Sünden und die Dämonen zur Demut des Menschen bei und dadurch zur Seelenrettung. Deshalb verbot der Herr auch, daß man das Unkraut aus dem Weizen reiße: Ohne das Unkraut entstünde leicht der Stolz, Gott aber widersetzt sich dem Stolz. Stolz und Dünkel sind der Tod des Menschen.

Was folgt aus dem Gesagten? Erkennt Eure Schwachheit und Sündhaftigkeit, richtet niemanden, rechtfertigt Euch nicht, demütigt Euch, und der Herr wird Euch zur rechten Zeit erheben.

Herr, sei uns Sündern gnädig.

Vergebt mir und betet für mich ...

*

1950

Liebe Mutter W.,

„trachtet zuerst nach dem Reich Gottes und nach seiner Gerechtigkeit" (Mt 6, 33). Kann der Mensch etwa aus eigener Kraft für sich sorgen? Wenn Sie körperlich arbeiten, müssen Sie auch seelisch sich anstrengen. Das Herz will genau so wie ein Gemüsegarten, ja noch mehr, bearbeitet sein. Wenn die Menschen ihre Arbeiter bezahlen, wird der Herr etwa diejenigen leer ausgehen lassen, die für ihn arbeiten? Wie aber soll man für ihn arbeiten? Sie, meine Liebe, wissen das alles. Man muß beten und auf sich achtgeben, die schlechten Absichten bekämpfen, sich nicht wegen Kleinigkeiten streiten, einander nachgeben (und wenn gar die Sache Schaden litte; später werden Sie einen größeren Gewinn daraus ziehen), sich rasch versöhnen, häufiger zur Kommunion gehen und das übrige.

Kann man das mit der Arbeit vereinen? Vieles kann erreicht werden, wenn die Kraft auch nicht für alles reicht. Das nicht Getane aber soll man wenigstens bereuen und dadurch zur Demut finden; keinesfalls darf man sich indes rechtfertigen, berauben wir uns doch durch die Selbstrechtfertigung der Möglichkeit des geistlichen Wachstums. Wenn wir dagegen nicht das tun, was wir zu tun haben, und überdies noch Beleidigungen und Leid nicht ertragen und so weder zur Reue noch zur Demut finden, kann ich auch keinen Rat mehr geben. Wodurch würden wir uns in diesem Fall noch von den Nichtglaubenden unterscheiden? Deshalb bitte ich Sie alle: Ertragen Sie die Beleidigungen, Vorwürfe und Ungerechtigkeiten Ihrer Mitmenschen, tragen Sie einander Ihre Lasten, um wenigstens auf diese Weise den Mangel an geistlichem Tun wettzumachen. Das wichtigste aber: Man soll alle Beleidigungen und alles Leid als verdient betrachten („denn wir empfangen, was unsere Taten wert sind", Lk 23, 41).

Sie wissen, daß die Menschen der Endzeit sich durch Leid retten werden. Sind wir etwa von diesem Gesetz ausgenommen? Nicht umsonst rieten die heiligen Kir-

chenväter, häufig (vielmals täglich) des Todes und des
Gerichts zu gedenken, der Notwendigkeit auch, dem
Herrn dereinst Rechenschaft abzulegen für jedes Wort,
jede Tat, jeden Gedanken, für unsere Arglist und unsere
Anhänglichkeit an die Welt, für unsere Eitelkeit und alles Verborgene, das nur dem Herrn und unserem Gewissen bekannt ist.

Der Herr segne Sie alle.

1949

… Man soll alles seiner Kraft gemäß tun. Alle Energie
wird auf das Körperliche verwendet, und für die Seele
bleiben lediglich einige schläfrige Minuten. Kann man
denn so überhaupt leben? Man gedenke der Worte des
Erlösers: „Trachtet zuerst nach dem Reich Gottes“ usw.,
das ist ein Gebot genauso wie „Du sollst nicht töten“,
„Du sollst nicht Unzucht treiben“ und andere. Die Verletzung dieses Gebots schadet der Seele oft mehr als ein
zufälliges Sündigen; sie bringt der Seele geistlichen Tod:
„Laßt die Toten ihre Toten begraben“ (Mt 8, 22), die seelisch Toten, die ihr geistliches Gefühl verloren haben,
die Gebote lau befolgen, kurz die Menschen, die weder
heiß noch kalt sind und denen der Herr droht, er werde
sie ausspeien aus seinem Munde. Wenigstens einmal pro
Tag müssen wir uns für einige Minuten vor Gottes Gericht stellen, so, als seien wir gestorben und stünden am
40. Tag in Erwartung des Urteils vor dem Herrn. In dieser Haltung werden wir weinen und Gottes Barmherzigkeit anflehen, uns Gnade zu erweisen und uns unsere
unbeglichene Schuld zu erlassen. Ich gebe allen den Rat-

schlag, diese Regel bis zum Tode zu befolgen: sich am besten abends oder sonst auch zu einer anderen Tageszeit von ganzer Seele zu konzentrieren und den Herrn anzuflehen, er möge uns verzeihen und uns gnädig sein. Dies ist ein Gebot Gottes und der heiligen Kirchenväter. Tragt wenigstens ein bißchen Sorge für Eure Seele. Alles vergeht, der Tod steht uns im Rücken, wir aber denken überhaupt nicht darüber nach, wie wir vor dem Gericht bestehen werden und welches Urteil der gerechte Richter, der jede feinste Regung unserer Seele und unseres Körpers von der Kindheit bis zum Tode kennt und behält, über uns aussprechen wird. Was werden wir antworten? Deshalb weinten die heiligen Väter und baten den Herrn um Verzeihung, um nicht vor dem Gericht und in Ewigkeit zu weinen. Und wenn sie das nötig hatten, weshalb halten wir Unglücklichen uns denn für gut und richten unser Leben und Denken so unbekümmert nach dem Alltag aus?

Vergeben Sie mir und beten Sie für sich und für mich.

Übermitteln Sie allen meinen Gruß und Segen.

*

1954

Liebe Mutter W.,
je näher der Mensch tatsächlich und nicht vermeintlich bei Gott ist, desto unwürdiger und sündiger, ja sündiger als alle Menschen fühlt er sich. So war es bei den heiligen Kirchenvätern. Beispiele dafür gibt es viele. Sie erinnern sich selbst.

Der Zöllner hielt sich aus einem anderen Grunde für sündig. Doch er bekannte seine Sündigkeit, rechtfertigte sich nicht, sondern erflehte vom Herrn nur Gnade und

Vergebung, und er erhielt sie auch. Alle Menschen haben eine unbeglichene Schuld vor Gott, und keine Glaubenstaten vermögen sie abzuzahlen. Der Herr selbst sagt: Wenn ihr alles tut, was euch geboten ist (d. h., wenn ihr die Gebote befolgt), haltet euch für unnütze Knechte, die verpflichtet sind, alles zu tun, was ihnen der Meister befiehlt (vgl. Lk 17, 10). Wir alle, die wir unablässig die Gebote verletzen, sollen uns also um dieselbe seelische Haltung wie der Zöllner bemühen und in uns selbst keinerlei Verdienste suchen, was auch immer wir für den Glauben tun mögen. Stets sind wir nachlässige Diener. Einzig Gottes Gnade vergibt den Reumütigen und gewährt ihnen den Eintritt ins Himmelreich.

Deshalb verbieten die heiligen Väter und der Herr auch das Erstreben euphorischer geistlicher Stimmungen. Unsere ganze innere Glaubenstat muß sich auf die Reue konzentrieren und auf alles, was ihr förderlich ist. Gottes Gegenwart aber wird von selbst dazukommen, wenn das Herz rein ist und wenn es dem Herrn gefällt. Fehlt indes dem Glaubensstreiter das aufrichtige Gefühl der Sündhaftigkeit und das zerknirschte Herz, so ist er gewiß auf dem Holzweg. Besonders wer die Gebetspraxis übt, muß sich das Gebet des Zöllners und dessen Zerknirschung zu eigen machen, da er sonst von den Dämonen verführt wird und dem Dünkel, dem Hochmut und dem Trug verfällt, wovor uns der Herr behüten möge.

Soweit die Antwort auf Ihre Frage, was es heiße, mit der Einstellung des Zöllners zu leben. Der Herr hat mit dem Gleichnis vom Zöllner und vom Pharisäer gezeigt, wie und mit welcher seelischen Haltung man beten soll und wie man nicht beten soll (pharisäische Einstellung). Nach der Ankunft des Erlösers und nach seinen Leiden ist das Gebet des Zöllners von den heiligen Vätern durch das Jesusgebet ersetzt worden: „Herr Jesus Christus,

Sohn Gottes, erbarme dich meiner." Der Sinn ist ein und derselbe.

*

Meine lieben ...!
Friede Euch und Gottes Rettung.
Euren Brief habe ich erhalten. Der Herr hat Euch mit Krankheit natürlich deswegen heimgesucht, weil sie zu Eurer Seelenrettung notwendig war. Der Weg ins Reich Gottes führt über mancherlei Trübsal, lautet ein geistliches Gesetz. Die Apostel, die Märtyrer und die Heiligen gelangten alle durch großes Leiden zur Herrlichkeit. „Wen der Herr liebt, den straft er, und hat doch Wohlgefallen an ihm wie ein Vater am Sohn" (Spr 3, 12). Offensichtlich gibt es keinen anderen Weg ins Reich Gottes als den engen, den Kreuzesweg, und deshalb dürft Ihr bei Krankheit und Schwäche nicht der Mutlosigkeit verfallen, sondern sollt Euch im Gegenteil freuen im Geiste. Tröstet Euch damit, daß der Herr nun näher zu Euch gekommen ist und Euch in Zukunft ganz zu seinen Kindern machen wird, wenn Ihr ihm bis zum Ende die Treue haltet und ohne Murren alles Leid auf Euch nehmt, das er auf Euch herabzusenden für nötig befindet. „Wer bis an das Ende beharrt, der wird selig" (Mt 10, 22). Ruft öfters den Namen Gottes an, stellt Euch vor sein Angesicht und bittet um Geduld, wenn es unerträglich wird. Wie vor einer giftigen Schlange muß man sich davor hüten zu murren. Der unvernünftige Schächer am Kreuz verschlimmerte mit Murren und Schmähen nicht nur seine Qualen, sondern er starb auch in die Ewigkeit, während der vernünftige in dem Bewußtsein, nach sei-

nen Taten zu empfangen, seine Qualen erleichterte und das Reich Gottes erbte. In einem Morgengebet des hl. Makarios des Großen heißt es: „Gott, läutere mich Sünder, denn ich habe nichts Gutes von dir getan." Wenn die Heiligen so empfanden, wie müssen wir erst empfinden, worauf können wir hoffen? Einzig nur auf Gottes Gnade. Vergessen wir alle unsere guten Taten, und rufen wir wie der Zöllner im Tempel aus: „Gott, sei uns Sündern gnädig!" Und da der Zöllner allein durch dieses Gebet von allen Sünden befreit wurde, können auch wir glauben, daß sich der Herr unser erbarmt. So lehrt uns der Herr Jesus Christus: Betet und hofft auf Gottes Barmherzigkeit. Keine Krankheit hindert uns daran, uns wenigstens ein paarmal am Tag mit Reue im Herzen an den Herrn zu wenden.

Es ist nie vorgekommen, daß er jemals einem reumütigen Menschen die Vergebung versagt hätte. Er vergibt uns nur dann nicht, wenn wir selber den Mitmenschen nicht vergeben. Versöhnen wir uns deshalb mit allen, auf daß uns der Herr mit uns versöhne. Vergeben wir allen, auf daß uns der Herr vergebe.

... Es behüte Euch der Herr, er schenke Euch Geduld und Beten, und durch sie die geistliche Freude, welche alle körperlichen Krankheiten und alle Leiden dieser vergänglichen Welt überwindet.

*

Liebe M. ...!
Der Herr will die Rettung jedes Menschen. Doch nicht jeder Mensch handelt so, als ob er gerettet werden wollte. In Worten wollen alle gerettet werden, aber in

den Taten wird die Rettung oft zurückgewiesen. Womit denn? Nicht durch Sünden, da es große Sünder gegeben hat wie den Schächer am Kreuz, Maria von Ägypten[3] u. a. Diese bereuten ihre Sünden, und der Herr verzieh ihnen – so wurden sie errettet. Jener aber kommt um, der sündigt und nicht bereut, sondern sich in seinen Sünden selbst rechtfertigt. Das ist das Allerschlimmste, das Tödlichste. Der Herr spricht: „Ich bin gekommen, die Sünder zur Buße zu rufen, und nicht die Gerechten" (Mt 9, 13). Was bedeutet das? Gottes Wort besagt: „Sie sind allesamt untüchtig; da ist keiner, der Gutes tue, auch nicht einer" (Ps 14, 3). Alle sind sündig, und je heiliger ein Mensch ist, desto mehr Sünden sieht er in sich. Der Herr ist gekommen, uns zur Buße aufzurufen und durch die Buße die Sünder zu retten, d. h. jene, die ihre Sünden erkennen, sie vor Gott bereuen und um Vergebung bitten. Wer jedoch seine Sünden entweder nicht sieht und sich selbst böswillig rechtfertigt, den jagt der Herr von sich weg. So hat er schon auf Erden die Pharisäer verworfen und verurteilt, welche sich für gerecht, ja für ein Vorbild für die anderen hielten. Schrecklich ist ein solcher Zustand: Behüte Gott jeden Menschen davor.

Der hl. Sissojos der Große[4] bat die Engel, die seine Seele holen kamen, zu beten, der Herr möge ihm noch etwas Lebenszeit für die Buße schenken. Der hl. Pimen der Große[5] sagte: „Glaubt mir, Brüder, wo der Satan ist, dahin werde ich auch gestoßen." Dabei erweckte dieser

---

[3] Heilige des 6. Jahrhunderts, lebte bis zu ihrer radikalen Hinwendung zu Gott als Dirne. Der Text der im Mittelalter weitverbreiteten Vita ist deutsch letztmals 1982 erschienen (Herderbücherei 977).
[4] Heiliger der Ostkirche, Mönch in der Ägyptischen Wüste, gest. 429.
[5] Griechisch Poimen, Heiliger, Einsiedler der Sketischen Wüste, gest. um 450.

Heilige Tote zum Leben! Alle Heiligen beweinten so bis zum Tod ihre Sünden, ihre unbeglichene Schuld vor Gott.

Wer sind wir, daß wir aus Eigenliebe unsere Sünden verheimlichen, uns rechtfertigen, uns verstellen – mit einem Bein stehen wir schon im Grab ... Schau auf Dein Leben, bereue alles, was Du einsiehst. Bitte mit Tränen, wie die heilige Kirche in der Fastenzeit mit Verbeugungen bis zur Erde bittet: „Gib mir, meine Sünden zu sehen!" Sieht der Mensch seine Sünden nicht, heißt das nicht, daß er keine hat, sondern vielmehr, daß er nicht nur in der Sünde, sondern auch in geistiger Blindheit verharrt. Und wenn der Beichtvater oder jemand anderes uns der Sünde zeiht, sollen wir nicht nach einer Rechtfertigung suchen, sondern den Herrn anflehen, er möge uns unsere Sünden zeigen, sie uns bis zur Ankunft des Todes bereuen lassen und uns hier auf Erden Vergebung schenken ...

1958

Meine liebe ...!
Schon einer kleinen Versuchung wegen verlierst Du den Mut und die Fassung. Der Herr läßt dies zu, damit Du Deine Schwäche erkennst und verstehst, wie viele Geheimnisse in der Seele des Menschen verborgen sind und welche Anstrengung man benötigt, um sich von seinen Leidenschaften zu befreien, um ein Tempel des lebendigen Gottes zu werden und das Seelenheil zu erlangen. Wenn Deine menschliche Schwäche offenbar sein wird, wirst Du vor dem Herrn niederfallen und aus der Tiefe Deines Herzens zu ihm rufen wie der ertrinkende Apostel Petrus. Alsdann wirst Du von ihm Hilfe erhalten

und verstehen, daß er wahrhaftig nah bei denen ist, die seinen Namen aus ganzem Herzen anrufen, und Du wirst alle Deine Sünden beweinen, mit denen Du ihn beleidigt hast. Dann wirst Du auch im Herzen demütig werden, wirst aufhören, über die Mitmenschen zu urteilen, und wirst zusehen, daß der Herr Dir Deine vergangenen Sünden vergebe und hinfort nicht mehr zulasse, durch die Übertretung seiner Gebote beleidigt zu werden. Du wirst auch verstehen, wie eitel alles hier auf Erden ist, und daß Deine Bindung an die Welt, Deine Auseinandersetzungen und Unannehmlichkeiten alles Nichtigkeiten sind; ihretwegen ist es nicht wert, sich zu ärgern, zu streiten und den Seelenfrieden, ja das Seelenheil aufs Spiel zu setzen.

... Alles Schlechte, alle Leidenschaften, alle Ränke der Dämonen, alle Trübsal und alle Leiden lassen sich durch die Demut besiegen. Die Demut aber entsteht dann, wenn wir von ganzem Herzen wie der gute Schächer sagen: „Wir empfangen, was unsere Taten wert sind. Herr, gedenke meiner, wenn du in dein Reich kommst" (Lk 23, 42).Wenn wir in allen Lebenslagen so zu sprechen fähig sind und wir weder gegen den Herrn noch die Mitmenschen murren, wird uns sofort leichter zumute werden, und wir werden auf dem rechten geistlichen Pfad wandeln.

Wenn wir trotzdem gegen jemanden gemurrt haben, sollen wir noch demütiger werden und sagen: „Herr, ich bin wahrhaftig nichts wert, nur du kannst mich retten." „Wenn du willst, kannst du mich heilen", sprach der Aussätzige, der jede andere Hoffnung auf Genesung verloren hatte, und erhielt vom Herrn die Antwort: „Werde gesund." Durch Berührung ward er geheilt. Wenden auch wir, die wir in tiefster Seele unsere Schwachheit und geistige Armut erkannt haben, uns dem Herrn, unserem einzigen Erlöser, zu, und sagen wir ihm mit zerknirschtem Herzen: „Herr, wenn du willst, kannst du mich heilen und retten", und wir werden von dem für uns Gekreuzigten die Antwort erhalten: „Werde gesund." Unsere Seele wird diese Antwort deutlich vernehmen und die Kraft schöpfen, dankbar alles Leiden des Erdenlebens zu ertragen, so wie der gute Schächer, der ohne zu murren noch bis zum Abend in entsetzlichen Qualen am Kreuz hing. Um dies zu verstehen, liebe M., um demütig zu werden und Dich in Gottes Hände zu begeben, wiederhole unablässig das Gebet: Herr, dein heiliger Wille geschehe, tu mit mir, was dir beliebt; laß nur nicht zu, daß ich gegen dich aufbegehre, und rette mich.

Bisher kennst Du den seelischen Kampf und das Weinen und die Leiden des Herzens nur aus Büchern und vom Hörensagen. Der Herr läßt es zu, daß Du Dich jetzt auch durch Erfahrung kennenlernst und Deinen Standort bestimmst: Willst Du still dulden und Gott danken, oder verfällst Du dem Murren und – schlimmer noch – der Verzweiflung?

Entscheide Du das selbst. Gib das Blut und empfange den Geist. Deine Kindheit ist vorbei, es ist an der Zeit, an die Sache der Erwachsenen zu gehen. „Ein geängstigt und zerschlagen Herz wirst du, Gott, nicht verachten" (Ps 51,19). „Den Demütigen erreichen die Netze des Teufels nicht."

Begehrst Du jedoch auf und fängst an, die Mitmenschen und die Umstände verantwortlich zu machen, wird der nächste Schritt das Murren gegen Gott sein, und von da an kann es zur Verzweiflung kommen, wovor Dich der Herr behüte! Er schenke Dir Frieden in der Seele, Demut und geistliche Vernunft; er gebe Dir die Geduld und die Kraft, Deine Last und die der Menschen zu tragen, denen Du begegnest.

Liebe ...!

Denke öfters an den Tod und daran, was Dich dort erwarten wird. Es können die Engel des Himmels sein, aber auch die finsteren, bösen Dämonen, von denen ein Blick genügt, um den Verstand zu verlieren.

Unser Heil besteht ja darin, gerettet zu werden, d. h. nicht den Dämonen in die Hände zu fallen, sondern ihnen zu entrinnen und ins Reich Gottes einzugehen, in eine unendliche, unvorstellbare Freude und Glückseligkeit. Es lohnt sich und ist der Mühe wert, sich im Erdenleben anzustrengen. Die Dämonen sind stolz und überwinden die Stolzen, also müssen wir demütig sein. Die Dämonen leben dem Zorn, also müssen wir Sanftmut erstreben, auf daß sie uns nicht überwinden wie jene, die ihnen ähneln. Die Dämonen sind nachtragend und unbarmherzig, also müssen wir wiederum verzeihen, uns mit denen versöhnen, die uns beleidigen, und zu allen Menschen gütig sein. So halte man es in allem.

Man soll in seiner Seele die dämonischen Eigenschaften unterdrücken und die englischen, wie sie im heiligen Evangelium dargestellt sind, pflegen.

Ist nach unserem Tode in der Seele das Dämonische in der Überzahl, so werden wir überwunden. Erkennen wir unsere dämonischen Eigenschaften noch zu Lebzeiten, bitten wir beim Herrn darum um Vergebung, und vergeben wir selbst allen unseren Schuldigern, so wird uns der Herr verzeihen, in uns alles Schlechte zerstören und uns nicht den Dämonen überlassen. Wenn wir hienieden niemanden verurteilen, wird uns Gott auch dort nicht richten. So ist es in allem.

So wollen wir denn in Frieden leben, einander verzeihen, uns versöhnen, unsere Sünden vor Gott bereuen und seine Gnade und die Errettung von den Dämonen und den ewigen Qualen erflehen, solange uns die Zeit dazu noch gegeben ist.

Spielen wir nicht mit unserem ewigen Schicksal.

Der Herr erleuchte Deinen Verstand. Amen.

*

Liebe …!

… Ein zerstreutes Gebet ist kein Gebet, obwohl der Herr auch es im Anfang von denen annimmt, die erst lernen zu beten. Aber einmal muß man ja ohne Zerstreuung beten lernen!

Wenn Du dem Zorn entsagst und Frieden bewahrst, wird auch das Gebet gut werden; lebst Du aber in Unfrieden, wirst Du auch nicht beten können.

Im Zorn gesprochene Gebete nimmt der Herr nicht an; einen solchen Beter überläßt er den erbarmungslosen Dienern, d. h. den Dämonen, die diesen vom geistlichen Mahl, vom Gebet, vom Brautmahl weg in die Finsternis der verschiedenen leeren und zuweilen auch schlechten Gedanken stoßen. Dies dauert so lange, bis wir Demut üben, vor dem Herrn von ganzem Herzen zu weinen beginnen, allen vergeben und selbst um Vergebung bitten, kurz, bis wir den Seelenfrieden erreichen, denn es steht geschrieben: „Im Frieden (der Seele) ist Gottes Ort." Wo Unfriede herrscht, sind der Feind und die Finsternis und die Schwere der Seele und die übrigen Vorzeichen der Hölle.

Die Demut besitzt die Kraft, die Gedanken um Gott zu sammeln, während der Unfriede, die Eitelkeit und der Stolz die Gedanken zerstreuen. Wenn sie sich zerstreuen, bedeutet dies, daß etwas in der Seele aus dem

Gleichgewicht gekommen ist, daß sich also der Feind Zugang zu unserer Seele verschafft hat und man vor Gott Buße tun und ihn um Vergebung und um Hilfe bitten soll. Man muß die Gründe dafür suchen. Bisweilen – wenn es nicht der Zorn ist – kommt es von übertriebener Besorgtheit, von der Bindung an die Welt, von langen, ausschließlich weltlichen Gesprächen, vom Urteilen über den Nächsten.

Ein gutes, aufmerksames, vom Herzen kommendes Gebet ist der Weg zum „Reich Gottes, das in uns ist". Kommt es nicht zu einem solchen Gebet, haben wir den Herrn durch irgend etwas erzürnt.

Sei wachsam zu Dir. Sei friedfertig, versöhne Dich rasch, gestehe dem Herrn immer wieder Deine Verfehlungen und Bekümmernisse, handle nach Deinem Gewissen – und Du wirst Dich gut fühlen und gerettet werden. Ohne Mühe kannst Du nicht einmal einen Bastschuh flechten. Arbeite in Gott, und Du wirst gerettet werden. Es wird Dir hier gutgehen, und nach dem Tod wirst Du in die ewige Seligkeit eingehen.

Bete für mich.

*

1954

Liebe W. N.!

Ich habe Ihren Brief erhalten. Schon allein Ihre Unruhe beweist, daß Sie im Unrecht sind. „Du Heuchler, zieh zuvor den Balken aus deinem Auge, und besiehe dann, daß du den Splitter aus deines Bruders Auge ziehst" (Lk 6, 42).

Dies weist auf eine tiefe psychische Wahrheit hin. Wenn sich der Mensch nämlich mit Gottes Hilfe von der Sünde läutert und dadurch ein lauteres Sehen erwirbt, geschieht folgendes: Erstens wird ihm alles in einem anderen Licht erscheinen, und dann wird er jedem Ding den richtigen Wert zuweisen können. Zweitens wird in seinem Herzen einzig die Liebe zur ganzen Schöpfung und unendliches Mitleid erwachen sowie der Wunsch, es möge niemand leiden und niemandem möge Schaden zugefügt werden (vgl. Isaak der Syrer)[6]. Erst dann kann man seinen Nächsten belehren (und selbst da nur auf Geheiß der göttlichen Gnade), und die Worte werden wirksam und nützlich; sie heilen, ohne zu verletzen. Solange Sie jedoch diesen Zustand nicht erreicht haben, dürfen Sie sich nicht zur Lehrerin ernennen.

Der hl. Nil Sorskij[7] antwortete nie aus sich selbst heraus, sondern legte nur die Meinung der heiligen Kirchenväter dar. Wenn er bei ihnen nicht gleich die Lösung fand, gab er so lange keine Antwort, bis er ihre Aussage zum betreffenden Gegenstand gefunden hatte. Wir aber, die wir nichts wissen, reden eine ganze Menge, nur weil wir irgendwo etwas aufgeschnappt haben oder „es mir so scheint". Ein kluger Mensch begreift sofort, daß unsere Worte leicht wiegen, und beurteilt uns auch danach... Alle befinden wir uns in der „bösesten Verblendung", wie es der hl. Symeon der Neue Theologe es ausdrückt, d. h. in der Finsternis, im Wahn, in der Sklaverei des Teufels. Nur wenige werden vom Herrn aus diesem Zustand befreit. Wie kann denn ein Blinder einen Blinden führen? Sie aber belehren jedermann über alles. Hören

---

[6] Kirchenvater, lebte im 7. Jahrhundert als Mönch in Ninive und in der Ägyptischen Wüste. Seine Werke, darunter eine Mönchsregel, wurden 1854 erstmals ins Russische übersetzt.

[7] Auch Nil von Sora (Majkow), 1433–1508, Mönch des Klosters Kirillowo-Bjelosersk in Nordrußland. Postulierte die Armut der Kirche und insbesondere der Klöster.

Sie damit auf! Der Zöllner belehrte nicht, sondern sprach mit Zerknirschung: „Gott, sei mir Sünder gnädig", und es war dies nicht etwas, was er nur im Tempel sagte, sondern es war seine Erkenntnis (sonst hätte er ja auch im Tempel nicht so beten können). Konnte er und kann jeder, der in dieser Haltung lebt, die Mitmenschen belehren? Natürlich nicht. Es ist einfach die richtige Haltung für diejenigen, die der Sünde und dem Teufel dienen. Erst wenn die Haltung des Zöllners auf den ganzen Menschen übergreift, kann sich in uns die „Kraft Gottes" entfalten. „Meine Kraft wird in der Schwäche offenbar" (2 Kor 12, 9), d. h., wenn wir den Zöllner in seiner Demut erkennen, erfüllt sich in uns die Kraft Gottes, und wir werden aus Ägypten ins Gelobte Land hinausgeführt. Einen anderen Weg gibt es nicht. Ich schreibe Ihnen dies rechtens meiner Eigenschaft als Ihr Beichtvater. Verzeihen Sie!

Der Herr behüte Sie und erwecke Sie zu allem Guten.

*

Mein lieber ...!
Ich habe Deinen Brief erhalten und mit großer Anteilnahme gelesen. Zu Deinen Zweifeln und Ärgernissen hätte ich manches zu sagen, aber ich bin kein Meister im Schreiben. Du hast einen in unserer Zeit extrem schwierigen Weg gewählt, und wenn Du bis zum Ende aushält, wirst Du für all Deine Leiden millionenfach belohnt werden, mehr noch: Du wirst sie nicht vergessen, sondern bedauern, daß sie zu klein waren ... Das mag Dir merkwürdig scheinen, doch es ist so. Ich bin fest überzeugt, daß selbst die großen Märtyrer des Altertums be-

dauerten, zuwenig gelitten und deshalb Gott nicht mit jener Liebe geantwortet zu haben, mit der sie ihn hätten lieben sollen. Auch die Menschen drücken ihre Liebe dadurch aus, daß sie einander Gutes tun, wie viele Opfer dies auch koste. Je stärker die Liebe, desto stärker auch der Drang, diese zu beweisen ... Seine selbstlose Liebe kann man nur mit einem Opfer bekräftigen, und wie die wahre Liebe keine Grenzen kennt, so ist auch das Bestreben unbegrenzt, sich zum Zeichen der Liebe Opfer aufzuerlegen. Auch wer Gott liebt, wird für ihn leiden wollen, und mit der Liebe wird auch das Verlangen wachsen, alles zu ertragen, damit sich Gott ja nicht von uns entferne und wir ihm ganz nahe seien. (...)

Vermutlich sind der „immerdar nagende Wurm" und das nie verlöschende Feuer im zukünftigen Leben die unendliche Trauer des Herzens darüber, daß es einst eine Zeit gegeben hat, als man seine Liebe zu Gott ausdrükken und um seinetwillen mancherlei Leiden auf sich nehmen konnte; eine Zeit, als man ihm seine Liebe nicht nur durch Leiden, sondern auch durch den Glauben an ihn inmitten von Ängsten, von geistlicher Einsamkeit, von Schwäche und Ohnmacht zu beweisen Gelegenheit hatte ... und es nicht tat.

Hier auf Erden, in diesem Leben kann und soll man seine Liebe zu ihm kraft einer inneren Entscheidung unter Beweis stellen: Ich werde an dich glauben und aus allen Kräften deine Gebote erfüllen, ich werde für meinen Glauben an dich leiden und mich von allem und allen lossagen – von meinem Privatleben und von den mir Nahestehenden. Sag nur du dich nicht los von mir, Herr; laß nicht zu, daß ich den Glauben und den Mut verliere, und daß ich gegen dich murre, wenn mich schweres Leid und Trauer treffen, und hilf mir, dich aus vollem Herzen zu lieben.

Wenn es Dir gelingt, eine solche Haltung zu bewahren, wird es Dir ein leichtes sein, Deinen Lebensweg abzuschreiten. Sobald Du jedoch zögerst und Zweifel in Dein Herz eindringen läßt, wenn Du in freiwilliger Übertretung der göttlichen Gebote die Finsternis suchst, Deine geistlichen Kräfte schwächst und den Herrn nicht ständig zu Hilfe rufst, besonders aber wenn Du stolz wirst und Dich auf Deine eigenen Kräfte zu verlassen beginnst, wirst Du einen „großen Fall" tun und Dir Dein Leben zur unerträglichen Last machen. Doch lasse auch dann den Mut nicht sinken, sondern werde noch demütiger und lege alle Hoffnung auf den Herrn, auf seine Barmherzigkeit und seine Hilfe. Das ist die richtige Haltung, die Du nur durch Erfahrung sowie durch ständiges Fallen und Wiederaufstehen erlangen kannst. (Die Sünde in Taten hat schwere Auswirkungen auf unseren „inneren Haushalt"; die anschließende Läuterung verlangt eine große Anstrengung, und das Wachstum im Geiste wird lange gehemmt. Die Sünden in Gedanken dagegen sind unabdinglich zur Selbsterkenntnis und zur Einsicht, wie schwach und wie schlecht vorbereitet auf das Reich Gottes wir sind. Sie führen uns also zur Demut hin und zeigen uns, daß wir selbst aus eigenen Kräften nicht zu wachsen vermögen, sondern beständig Gott um Hilfe anflehen und die seelenrettenden Sakramente samt all dem, was die heilige Kirche uns schenkt, empfangen sollen. Gefördert wird das geistliche Wachstum durch das Lesen der Heiligen Schrift – des Neuen Testaments und der heiligen Kirchenväter. Noch besser ist es, einen geistlichen Ratgeber und Führer zu haben, doch gibt es heutzutage keine solchen mehr; so müssen wir allein vorwärtsschreiten und uns vom Lesen und vom Gebet führen lassen und dabei die Hilfe des Herrn und der Heiligen erbitten.)

Dem Eingeständnis unserer Schwäche entspringt die Zerknirschung, das „Weinen des Herzens" und das Bewußtsein der unbeglichenen Schuld (zehntausend Talente), kurz jenes „geängstigten und zerschlagenen Herzens" des 51. Psalms, das „Gott nicht verachten wird". Dein Wille und Dein Wunsch allein genügen zum Erwerb der Liebe noch nicht; dazu braucht es ein Leben nach den Geboten, Zerknirschung, Beweinen Deiner Sünden, Reue darüber, daß wir anstelle der Liebe und der Gottgefälligkeit uns damit abgeben, seinem heiligen Willen zuwiderzuhandeln. Aus dem Weinen und der Zerknirschung entstehen alsbald die Gottesfurcht – d. h. die Furcht, Gott auf irgendeine Weise zu beleidigen – sowie das Gefühl, daß Gott in unserer Nähe ist, was der Prophet David mit den Worten umschreibt: „Ich habe den Herrn allezeit vor Augen" (Ps 16, 8). Schließlich erwächst daraus stetig die feste Entscheidung, lieber zu sterben, als den Herrn zu beleidigen und seiner Nähe verlustig zu gehen, wie auch die Standhaftigkeit im Leiden, die darin besteht, dieses nicht nicht nur ohne Murren, sondern mit Dankbarkeit zu ertragen.

Verzeih meine Weitschweifigkeit und den Umstand, daß dieses Schreiben möglicherweise zur Unzeit kommt. Doch es ist Dein Leid, das mich dazu bewogen hat, Dir dies zu schreiben. Vielleicht kann es Dir nützen und Dich auch etwas trösten.

Mein Freund, um eines bitte ich Dich: Sage Dich nie von Gott los, so tief Du auch gefallen sein magst, so sehr Du auch gesündigt und den Herrn erzürnt haben magst (wovor er Dich bewahre), sondern bitte ihn wie der verlorene Sohn um Vergebung und zwinge Dich stets von neuem, den Geboten nachzuleben. „Wer zu mir kommt, den werde ich nicht hinausstoßen" (Joh 6, 37). Wer dem Herrn entgegenschreitet, indem er dessen Gebote einhält, wenn er auf dem Weg auch stürzt und weitergeht, ist ein Soldat Christi und wird schließlich von ihm gekrönt – trotz der vielen Wunden aus dem geistlichen Kampf gegen die Leidenschaften, die gefallene Natur und die Dämonen.

Der Herr erleuchte Deinen Verstand, stärke Deinen Glauben und Deinen Willen und behüte Dich vor allem Übel.

Der Herr segne Dich.

*

Unser Herr Jesus Christus schenke Dir Frieden und Erlösung, liebe ...!

Du solltest langsam wissen, daß der Feind niemanden in Ruhe läßt, der Erlösung sucht; deshalb hat ja auch der Kampf mit ihm kein Ende bis zum Tode. Mit eigenen Kräften indes vermag ihn niemand zu bekämpfen: Ist nicht Gott gerade deswegen auf die Erde gekommen, um das Werk des Teufels zu vernichten? Er kämpft denn auch gegen den Teufel und die Sünde an der Seite derjenigen, die ihn unablässig um Hilfe anrufen. Auch der Mensch hat sich der Sünde und dem Teufel mit aller Kraft zu widersetzen und dabei jene Waffen einzusetzen, auf die der Herr, die Apostel und die heiligen Kirchenväter verweisen. Für den Orthodoxen sind dies Fasten, Gebet, Enthaltsamkeit und Demut. Ohne Demut kann niemand etwas ausrichten – der Herr hilft dem Überheblichen und Stolzen denn auch nicht, und dieser geht dem Feind unweigerlich ins Netz. Wer ihm entgegentreten und seinen Leidenschaften entgehen will, dazu aber nicht die ihm zur Verfügung gestellten Waffen einsetzt, wird bestimmt auch nicht siegen. Je sanfter und demütiger wir sind, desto eher werden wir vom Feind befreit. Dazu kommt, daß die Nachträglichkeit die Kraft des Gebets zunichte macht, da der Herr kein Gebet annimmt von jemandem, der mit seinem Mitmenschen streitet oder ihm Böses nachträgt, nein: zuerst muß er sich versöhnen. Ohne ein von Gott angenommenes Gebet aber bleibt der Mensch einsam und kann vom Feind leicht überwunden werden. Und schließlich: auch wer mit den rechten Waffen streitet, bezwingt den Feind nicht gleich. Dazu braucht es Zeit und Geduld. Schlage Dich recht, versuche, mit allen in Frieden zu leben, mache Dir die Enthaltsamkeit und das immerwährende Gebet zur Gewohnheit. Übe Demut vor Gott und den Menschen, und Du wirst einen Götzen nach dem anderen stürzen und Dich von der Gefangenschaft der Sünde befreien.

Kein Beichtvater wird einen Menschen schlecht ansehen, der seine Sünden aufrichtig und tief bereut, so schlimm sie auch seien. Diese Befürchtung ist nichts anderes als ein Kniff des Bösen, der auf diese Weise erreichen will, daß der Beichtende seine Sünden verberge und keine Lossprechung erhalte. Es ist aber gerade umgekehrt: Wenn nämlich der Beichtvater ein gläubiger Mensch ist, wird er das Beichtkind um so mehr lieben – das ist eine Eigenschaft des Beichtsakraments.

Ertrage alles Geschimpfe, alle Verleumdungen und alle Vorwürfe, die berechtigten und die unberechtigten, denn sie sind nützlich, waschen die Sünden von der Seele ab und fördern – falls Du sie unerwidert läßt – die Demut. Sprich wie der gute Schächer: „Wir empfangen, was unsere Taten wert sind. Herr, gedenke an mich, wenn du in dein Reich kommst."

Liebe ...!

W. schrieb mir, Du habest nach meinem Brief drei Tage geweint. Ich bin froh, daß Du geweint hast, wenn es ein Weinen über Gott war und nicht beleidigte Eigenliebe. Aus ganzer Seele wünsche ich Dir, du mögest Deine Sünden sehen und sie nicht drei Tage beweinen, sondern das ganze Leben, um nicht nach dem Tod ewig weinen zu müssen ...

Wenn wir vor den unbestechlichen Richter gestellt werden, der unser Innerstes kennt, welcher Spruch wird über uns gefällt werden? Womit können wir uns vor ihm rechtfertigen? Auf eine einzige Weise: unsere Unwürdigkeit vor Gott und den Menschen erkennen, solange wir leben, und uns aufrichtig vergegenwärtigen, daß wir unnütz und untauglich sind und eine unbeglichene Schuld vor Gott haben und deshalb keinen Anspruch darauf erheben dürfen, von den Menschen irgend etwas zu fordern. Halten wir uns dies vor Augen, weinen wir, und bitten wir noch hienieden um Gnade und Vergebung unserer Schuld. Weinen wir darüber, daß wir unsere seelischen und körperlichen Kräfte unnütz verschwendet haben und Gottes Liebe unablässig kränken, und bitten wir, der Herr möge sich nicht unserer Sünden und Unwahrheiten entsinnen, sondern uns in sein Haus aufnehmen, wie er den verlorenen Sohn aufgenommen hat.

Das soll unsere ganze Sorge sein. Täglich vor dem Einschlafen müssen wir uns erforschen und alle Gebotsübertretungen bereuen, die wir am selben Tag zugelassen haben. Rufen wir uns auch unser ganzes früheres Leben in Erinnerung, und bereuen wir alles so lange, bis wir deutlich spüren, daß Gott uns unsere Sünden verziehen hat. Bitten wir dabei den Herrn aus vollem Herzen, er möge uns helfen, fortan nicht mehr zu sündigen noch seinen heiligen, in den Geboten niedergelegten Willen zu beleidigen. Hüten wir uns auf jede erdenkliche Weise, unseren Nächsten zu beleidigen, denn es ist leichter, sich mit Gott zu versöhnen als mit den Mitmenschen ... Sei demütig vor allen, sei nach Kräften allen dienstbar, mache niemandem Vorwürfe, richte nicht, urteile nicht. Versöhne Dich mit allen, vergib allen, sonst wirst auch Du von Gott keine Vergebung erhalten. Diese Bedingung hat er selbst gestellt: Wo ihr den Menschen ihre Sünden nicht vergebt, so wird euch euer Vater im Himmel eure Sünden auch nicht vergeben" (Mt 6, 15).

Bring in diesen Tagen der Großen Fasten Dein Leben in Ordnung, versöhne Dich mit Gott und den Menschen. Sei reumütig und beweine Deine Unwürdigkeit und Deinen Untergang, und Du wirst Vergebung erhalten und auf Erlösung hoffen können. „Ein geängstigtes und zerschlagenes Herz wirst du, o Gott, nicht verachten." Ohne diese Haltung helfen Dir die größten Opfer und Almosen nichts. „Du hast nicht Lust zum Opfer, ich wollte dir's sonst wohl geben; Brandopfer gefallen dir nicht. Die Opfer, die Gott gefallen, sind ein geängsteter Geist" (Ps 51).

Bitte Gott, den Herrn, innig um die größte und notwendigste aller Gaben: die eigenen Sünden zu sehen und darüber zu weinen. Wer diese Gabe besitzt, hat alles.

Der Herr erleuchte Deinen Verstand und segne Dich! Gruß und Gottes Segen an alle.

Liebe ...!

Du solltest schon längst wissen, daß es einen Teufel und Dämonen gibt, welche in ihrer grenzenlosen Bosheit auf alle möglichen Arten versuchen, den Menschen ins Verderben zu stürzen. Wie tun sie das? Nun, sie wirken auf die Leidenschaften ein und versuchen diese so „aufzublasen", daß sie den Menschen umbringen.

Wer zum Beispiel gerne trinkt, den wollen die Dämonen dazu bringen, immer mehr zu trinken und bis zur Trunksucht, zu Streitigkeiten, ja zu Mord und Selbstmord zu treiben, um ihn so für ewig zugrunde zu richten. Einen anderen gewöhnen die Dämonen ans Stehlen, einen dritten verführen sie ganz unmerklich zum Hochmut, zur Eitelkeit, zum Stolz und schließlich zum geistlichen Wahn und bringen ihn so zu Fall. Noch auf viele andere Arten suchen sie des Menschen ewigen Tod.

Denk einmal ruhig darüber nach, welchen Grad der seelischen Umnachtung man erreicht haben muß, um wegen eines kleinen Kummers bei den ewigen, gräßlichen Qualen anzulangen. So schwer es hier auch sei – lebten wir auch tausend Jahre in schweren Leiden auf der Erde, einmal wird es ein Ende haben. In der Hölle aber werden die Qualen ewig dauern. (...) Wie schrecklich! Willst Du wegen ein paar Kleinigkeiten in einen solchen Zustand kommen, nur weil sie – sei sie auch dumm und böse – Dich in irgendeiner Weise beleidigt hat? Wenn Ihr solche Lappalien nicht aushaltet, wie fürchtest Du Dich denn nicht vor den Höllenqualen?

Du wirst sagen, du denkst in dieser Zeit an nichts und Du möchtest dich erhängen. Wahr sprichst Du: Du denkst nichts, vergißt Gott und die zukünftigen ewigen Qualen. Auch das ist wieder eine List der Dämonen; so wirken sie auf die Seele des Menschen ein.

Wo der Herr ist, da ist Friede, Licht, Vernunft und

Freude. Wo der Teufel ist, da ist Verwirrung, Dunkel der Seele, Umnachtung des Geistes, Verzweiflung und Bereitschaft zu allem Bösen.

Ich habe schon oft davon gesprochen und warne Dich noch einmal davor, dem Teufel die Hand zu reichen. Bete zu Gott und bitte ihn in ruhigem Zustand, er möge es nicht zulassen, daß Du der Umnachtung und den Dämonen verfällst. Der Herr wird Dich verteidigen, wenn Du selbst nicht den ersten Schritt in die Hölle tust. Denk an Judas. Er gewährte dem Teufel Zutritt in sein Inneres, starb eines schrecklichen Todes und kam so auf den Höllengrund ewiger Qual.

Spaße nicht mit diesen Dingen; meide diese Gedanken (eines Selbstmordes). Der Herr helfe Dir, das Geschriebene zu verstehen und den Fängen der Dämonen hier und im Jenseits zu entgehen. Mögest Du nach einigen Nöten hier auf Erden ins Reich Gottes, in die ewige Freude und Seligkeit eingehen. Amen.

*

Hochverehrte ...!

Zu Ihren Erlebnissen im Zusammenhang mit dem Ostergottesdienst sage ich nur, daß „denen, die Gott lieben, alle Dinge zum Besten dienen" (Röm 8,28). Und „das Reich Gottes kommt nicht so, daß es zu beobachten wäre" (Lk 17,20). Gerade wenn wir auf geistliche Freuden warten, kann es geschehen – und meistens ist es auch so –, daß wir sie nicht erleben. Die richtige seelische Haltung besteht darin, sich keinerlei geistlicher Tröstungen würdig zu fühlen. Mehr noch, der hl. Johannes Klimakos[8] meint: „Weise mit der Hand der Demut die Freude zurück, die auf dich zukommt, so als wärest du ihrer unwürdig, auf daß du dich nicht von ihr verblenden läßt und nicht den Wolf statt des Hirten empfängst." Dieser Gedanke wird in verschiedener Form von allen heiligen Kirchenvätern ausgesprochen. Alle Menschen sind für Sünden empfänglich und besonders für jene, die nicht weniger Schaden stiften als die großen. Niemand kann aus eigener Kraft alles Schlechte erkennen und bekämpfen. Vor der Sünde bewahren kann uns nur das Eingeständnis unserer Schwäche, Armut und Sündhaftigkeit und unserer unbeweglichen Schuld vor Gott, kurz das unablässige „Weinen des Herzens", wie es alle Heiligen kannten. Diese Haltung bringt uns geistliche Gaben und bewahrt sie uns, wenn wir uns ihrer würdig erweisen. Der Asket, der nicht das Weinen des Herzens hat, erliegt dem geistlichen Wahn, d. h. einer falschen Haltung, und wenn er diese nicht aufgibt, kann er einer klaren dämonischen Täuschung erliegen und umkommen. In unserer Zeit geschieht dies alles nicht auf grelle Weise (ich meine nicht das offensichtliche Böse), aber es geschieht, und die Mehrzahl der Entsagung übenden Menschen lebt zeitweise oder ständig im „Wahn". Es ist dies eine recht subtile Angelegenheit ...

Den Erfolg des geistlichen Lebens mißt man nicht an den geistlichen Tröstungen, die auch vom Bösen stammen können, sondern an der Tiefe der Demut.

---

[8] Heiliger, lebte 40 Jahre als Eremit auf dem Sinai. Verfasser von Anweisungen für Mönche zum Kampf gegen die Versuchungen, starb um 649. Sein Werk wurde im 19. Jahrhundert in Rußland vom slawophilen Denker I. W. Kirejewskij verbreitet und kommentiert.

Liebe ...!

Friede sei Ihnen. Ich beeile mich, Ihnen ein paar Worte zu schreiben, solange es hell ist, da man hier das Licht nicht einschaltet und überdies die Lampe kein Glas hat. Ich habe Ihre Beichte über die Eitelkeit gelesen und in ihr nichts gefunden, was mich von Ihnen „entfernen" könnte. Sie haben nichts Besonderes geschrieben. Sie, ja wir alle haben nichts, womit wir uns tatsächlich brüsten könnten. Alle sind wir durch unser Leben fern von Gott. Was ist an uns selbst denn wertvoll, mit welcher Berechtigung können wir mit erhobenem Haupt vor Gottes Gericht erscheinen? ...

Jedem Menschen eignet die Eitelkeit derart, daß diese ihn von außen bis in die verborgensten Tiefen hinein ganz durchdringt. Gleichzeitig aber ist sie auch eine hochgiftige Eigenschaft, die im geistlichen Leben jede Vorwärtsbewegung blockiert. Es ist notwendig, sie zurückzudämmen und dann zu vernichten; jedenfalls soll man unablässig auf sich achtgeben und jedes Auftreten der Eitelkeit durch Herzensreue unterdrücken (aus ganzem Herzen zum Herrn zu seufzen: Herr, wieder hat die Schlange ihr Haupt erhoben), sie wütend verjagen und beten: Herr Jesus Christus, Sohn Gottes, erbarme dich meiner. Ich will nicht und nehme nicht an; erlöse mich von ihr und laß mich meine Sünden sehen. – Lesen Sie über die Eitelkeit und auch über den Stolz bei Johannes Klimakos.

Halten Sie sich jede kleinste Übertretung des göttlichen Gebots vor, und lassen Sie keine Selbstrechtfertigung zu! Denken Sie an das Gebot des Erlösers: „Wenn ihr alles getan habt, was euch befohlen ist, so sprecht: Wir sind unnütze Knechte" (Lk 17, 10). Wir aber befolgen nicht nur nicht alle Gesetze, sondern nicht einmal ein einziges so, wie wir sollten, und sind dabei auf

Schritt und Tritt bereit, stolz und eitel zu sein. Es helfe Ihnen der Herr, der Schlange zu entgehen. Ohne Arbeit, ohne Achtsamkeit sich selbst gegenüber und ohne Hilferuf zu Gott können Sie diesen ausnehmend bösen und schlechten Feind nicht bezwingen. Die Erscheinungen, von denen Sie schreiben, sind offensichtlich und plump. Es gibt weit feinere Formen, ob deren man verzweifeln könnte, wäre nicht Gottes Hilfe. Halten Sie sich im Kampf gegen die Eitelkeit ans Evangelium und an das Beispiel unseres Herrn Jesus Christus ... Hoffen Sie nicht auf sich selbst, sondern auf den Herrn – nicht nur im Großen, sondern auch im Kleinen. Ohne den Herrn können wir nichts wahrhaft Gutes und Nützliches für uns tun; das scheinbar Gute indes, gemäß dem klaren Wort eines Asketen, erweist sich stets als schädlich (gemeint ist alles, was 1. ohne Gebet und 2. ohne den Herrn um Hilfe zu bitten getan wird).

Die Gebete, die aus einem frommen, einem „geängstigten und zerschlagenen" Herzen kommen, sind heilig; die pharisäischen (die stolzen und eitlen) Gebete hingegen sind nicht nur unheilig: sie sind dem Herrn ein Greuel.

Verzeihen Sie mir. Suchen Sie das Heil ...

*

Liebe ...!
Ich habe Ihren Brief mit der Nachricht von L.s Krankheit erhalten. Sie, L., geht mir nicht aus dem Sinn. Zwar müssen wir alle, die Großen und die Kleinen, diese Welt unweigerlich verlassen. Wenn dies jedoch einem uns nahestehenden lieben Menschen bevorsteht, protestieren

wir unwillkürlich aus ganzer Seele dagegen. In jedem Menschen ist das Bewußtsein seiner Unsterblichkeit tief verankert. Er ist auch tatsächlich unsterblich, und in dem, was wir den Tod nennen, steckt ein neues Geborenwerden in eine andere Welt, ein Übergang von einem Zustand in einen anderen – letzterer ist für die Mehrzahl zweifellos besser, unendlich besser. Deshalb sollte man beim Herannahen des Todes auch nicht betrübt sein, sondern sich eher freuen. Doch entweder glauben wir zuwenig an das zukünftige Leben oder fürchten uns davor, und zudem hält uns unser hiesiges Leben hartnäckig zurück. Vom geistlichen Standpunkt aus müßte man sich über L. freuen: Der Herr gibt ihr Gelegenheit, sich auf das zukünftige Leben vorzubereiten. Doch gleichzeitig wird man auch von Angst gepackt: Wird sie auch nicht murren? Wird sie auch nicht kleinmütig werden? Wenn sie nur demütig wird, sich mit ganzem Herzen Gott zuwendet, alle ihre Verfehlungen aufrichtig bereut und gläubig und andachtsvoll die heiligen Sakramente empfängt. Dann würde ihr der Tod zur Freude, zur neuen Geburt, zum Übergang zu denen, die sie ganz stark lieben und erwarten, um sie mit der vollkommenen Freude zu erfüllen, die nie ein Ende nimmt und die „das Auge nie geschaut, das Ohr nie gehört und das Herz nie erfahren" hat.

Richten Sie L. mein tiefes Mitgefühl aus und meinen großen Wunsch, sie möge ihre Trauer überwinden und leicht und freudig ins zukünftige Leben eingehen, welches unsere wahre Heimat ist, die seit der Erschaffung der Welt für uns bereitsteht, und wo der Mensch dem Engel gleich wird, wo sein Antlitz „wie die Sonne" erstrahlt. Richten Sie ihr auch folgendes aus: daß sie mir, ohne mich zu kennen, über manche Jahre hinweg Liebe entgegengebracht hat, werde ich nie vergessen, ob sie nun noch lange zu leben hat oder bald stirbt. Oh, wäre ich verwegen genug zu sagen, daß meine Seele immerdar bei ihr sein wird, hier und im zukünftigen Leben!

Blicken Sie L. mit aller Liebe, die Sie zu ihr empfinden, in die Augen, streichen Sie ihr übers Haar und übers Gesicht und küssen sie ihr tausendmal die Hände – als Gruß von mir. Gott ist bei uns!

Wenn ein Mensch einen anderen lieben und bedauern kann, wie groß ist dann die Liebe Gottes zu uns, die ihn für unsere Erlösung ans Kreuz gebracht hat. Möge sich L. deshalb nicht fürchten, sondern auf Gottes grenzenlose Liebe hoffen. Möge sie ihr Christsein rechtfertigen und Liebe dem Gott entgegenbringen, der auch für sie schreckliche Qualen und Beleidigungen, ja den Kreuzestod erlitten hat. Dann wird die himmlische Liebe die irdische Liebe zu ihrer Tochter machen, zur Teilhaberin am Ruhm und an der Seligkeit des göttlichen Lebens. Seine Liebe zu Gott unter Beweis stellen muß man, indem man die Trauer über das Abschiednehmen von dieser Welt erduldet und die Krankheit ohne Murren auf sich nimmt; so hat man Anteil an den Leiden Christi: „Wenn wir mit ihm leiden, werden wir auch mit ihm verherrlicht werden."

Ich wiederhole es: L., meine Seele ist mit Ihnen, sie wünscht Ihnen ganz fest, was oben beschrieben ist. Dulden Sie, ohne zu murren. Wenn der Glaube schwindet, sprechen Sie die Worte: „Herr, ich will glauben, ich will eine richtige Christin sein; Herr, hilf meinem Unglauben!", und Gott wird Sie nicht im Stich lassen!

Christus ist auferstanden![9]

Ich habe Ihren entmutigten Brief erhalten. Sie kennen diese geistlichen Gesetze: „Durch viel Trübsale müssen wir in das Reich Gottes gehen" (Apg 14,22); „in der Welt habt ihr Angst" (Joh 16,33) und „in eurer Standhaftigkeit werdet ihr eure Seele retten" (Lk 21,19). Dies soll sich jeder Gläubige fest merken. Der Gottmensch ist bespuckt, geschlagen und geohrfeigt worden und hat weitere Beleidigungen ertragen bis hin zum Kreuzestod. Die Gottesmutter ward vom Schmerz und vom Leid des Erlösers mitten ins Herz getroffen. Und was erlitten nicht alles die Apostel, die Märtyrer, die Bekenner, die Heiligen und andere aufrichtige Nachfolger Christi?

„Will mir jemand nachfolgen, der verleugne sich selbst und nehme sein Kreuz auf sich und folge mir" (Mt 16,24).

Wenn Sie ehrlich bemüht sind, Jesus Christus nachzufolgen, gibt es keinen andern Weg als den von ihm aufgezeigten, den Weg der äußeren Leiden, der körperlichen Krankheiten und des unablässigen Kampfes gegen alle Leidenschaften, welche sich uns auf die verschiedensten Arten aufdrängen. Es gibt die offensichtlichen Leidenschaften: Unmäßigkeit in Essen und Trinken, vielfältige Unkeuschheit, Geldgier, Traurigkeit, Lügenhaftigkeit, Mutlosigkeit, Eitelkeit, Stolz, Unglaube, Neid, Richten des Nächsten usw. Sie alle hat der Schüler Christi konsequent zu bekämpfen; er muß sich selbst und seine Leidenschaften überwinden, und das erfordert Anstrengung und Geduld. Oft bedeutet es wahres Leiden und ein Kreuz, vor dem es kein Entweichen gibt. Entweder ergibt sich der Mensch ihnen kampflos und verrät Christus,

---

[9] Russischer Ostergruß.

oder er kämpft und leidet und wächst dadurch im Geiste.

Ihr Zustand, von dem Sie andeutungsweise schreiben, ist eine ebensolche, dem Alten Menschen eignende Leidenschaft, doch hat sie der Feind, der sich stets versteckt hält, maskiert und durch allerlei Zusätze kompliziert. Obwohl die Dämonen als gefallene Wesen umnachtet sind, haben sie ihren engelhaften Verstand und andere Fähigkeiten in einem gewissen Maß bewahren können. Sie haben die menschlichen Eigenschaften genauestens studiert, die physischen wie die psychischen, und sich dadurch Zugang zum Körper, zu den Nerven und zum Hirn des Menschen verschafft. Sie wirken auch auf seine seelischen Merkmale und Erscheinungen ein und agieren dabei stets zum Bösen und zum Verderben des Menschen. Da nun dieser die offensichtlichen Leidenschaften und das von ihnen ausgehende Übel selbst erkennt, streben die Dämonen danach, Verwechslungen vorzutäuschen und Verwirrung zu stiften und so den Menschen irrezuführen: So verleihen sie einer Leidenschaft eine besonders tiefe Bedeutung oder statten sie mit einem einnehmenden Äußeren aus usw. Zahllos sind ihre Schliche, schlauen Lügen und Ränke zum Betrug und zum Verhängnis des Menschen.

Wir unerfahrenen Anfänger, die wir keine geistlichen Väter haben, müssen eines wissen: Alleine können wir weder die Leidenschaften noch die Dämonen besiegen, doch sollen wir sie unseren Kräften entsprechend bekämpfen und im Falle eines Angriffs den Herrn unablässig um Hilfe anrufen. „Sie" – die Feinde und die Leidenschaften – „umgaben mich, und im Namen des Herrn will ich sie zerhauen (Ps 118, 11)." Aus eigener Kraft werden Sie nicht gewinnen, geschweige denn ein anderer Mensch, der Ihnen beistünde – nein, siegen kann allein der Herr. Beten Sie demnach häufiger mit Andacht und Herzensreue, bekennen Sie dem Herrn Ihre Sünden und Leidenschaften, Ihre Schwäche auch, und bitten Sie ihn um Vergebung und Hilfe. Nach einem solchen Gebet werden Sie schon bald Ruhe und Frieden in der Seele verspüren, eine gewisse Demut und die Entschlossenheit, um des Herrn und um Ihrer Erlösung willen alles zu erdulden.

Noch einige Worte zu Ihrem Zustand, den Sie offenbar für etwas zu halten geneigt sind, was nur Ihnen eigen ist, nämlich das Gefühl der Einsamkeit, der Verlassenheit u.ä.

Ich bin noch nie einem Mädchen oder einer alleinstehenden Frau begegnet, welche nicht unter diesen Gefühlen gelitten hätte. Das liegt offenbar in der weiblichen Natur. Nach dem Sündenfall sprach Gott zu Eva: „Dein Verlangen soll nach deinem Manne sein" (Gen 3, 16). Dieses – nicht nur physische, sondern überwiegend, ja bisweilen ausschließlich psychische – Verlangen regt sich sichtlich in allen einsamen Frauen. Unbewußt wird es auf verschiedenste Weise abgewandelt und „ausgeschmückt". Aus Adams Rippe geschaffen, strebt die Frau an ihren Platz, um einen einzigen, ganzen Menschen zu bilden. Seien Sie nicht beleidigt, daß ich Ihnen das schreibe, sondern versuchen Sie, sich über Ihre Zustände Klarheit zu verschaffen. Die Leidenschaften gehören jedenfalls zum Alten Menschen; man soll sich in ihnen nicht aufreiben, sondern sich ihnen zur Wehr setzen, mit Fasten, Beten, maßvollem Lesen der heiligen Kirchenväter und des Neuen Testaments, mit körperlicher Arbeit und bisweilen mit Erschöpfung …

Der Herr erleuchte Ihren Verstand zum Guten. Er segne Sie und helfe Ihnen, den rechten Weg zu finden und auf diesem das Reich Gottes zu erlangen!

Friede und Erlösung wünsche ich Ihnen, die Sie in den Stürmen des Lebens stehen!

Ihren Brief hatte ich erwartet.

Auf Ihre Beichte antworte ich: „Jesus Christus ist unser Herr und unser Gott. Amen."

So tief Sie auch fallen mögen, verzweifeln Sie nicht und verlieren Sie den Glauben nicht ganz. Bewahren Sie in Ihrem Gewissen wenigstens ein kleines „Pünktchen", das Ihren Zustand sieht und erkennt und ihn bereut: so werden Sie im Meer der Lebens nicht ertrinken. So weit wird es der Herr nicht kommen lassen, sondern Ihnen – wie dem ertrinkenden Apostel Petrus – im entscheidenden Augenblick die Hand reichen. „Die Welt wird euch hassen" (vgl. Lk 6, 22), hat Jesus zu seinen Jüngern gesagt. Bis heute erfüllt sich diese Prophezeiung ununterbrochen in den Nachfolgern Christi, doch auch ein anderer Satz geht seither in Erfüllung: „Faßt den Mut, ich habe die Welt überwunden" (Joh 16, 33). „Ihr seid von dieser Welt, ich bin nicht von dieser Welt", heißt es bei Johannes (8, 23). Das Wort „Welt" meint nicht nur die äußere Welt, die gefallene Menschheit, sondern auch unseren eigenen Alten Menschen mit seinen Leidenschaften und seinem Hang zur Sünde. Diese Welt steht in der Gewalt des Teufels, der hier seine Werkzeuge findet, mit welchen er Christi Schüler jagt und verfolgt und ins Verderben zu stürzen sucht. Nun hat aber der Herr die Welt, hat den Teufel besiegt; gewaltsam und gegen den Willen des Menschen kann der Teufel niemanden schaden. Nur wer selbst dem Teufel bewußt die Hand reicht, fällt in seine Gewalt. Wer sich ihm widersetzt und den Herrn Jesus Christus um Hilfe anfleht, ist außer Gefahr – ihm können und werden die Versuchungen des Bösen gar zum Vorteil gereichen.

Wir verfallen der Sünde und leben wie der Alte Mensch: Machen wir daraus ein Mittel zur Demut. Der Mensch, der die Demut erworben hat, verfügt über einen besonderen inneren Zustand, der es ihm gestattet, alle Angriffe des Teufels abzuwehren. Der Demütige hofft nicht mehr auf sich selbst, sondern auf den Herrn. Der Herr aber ist allmächtig; er hat den Teufel besiegt, und er besiegt ihn auch in unserer Seele, wenn wir nicht auf unseren eigenen Willen bauen, sondern den Herrn anrufen und uns seinem Willen fügen.

Lassen Sie sich nicht endgültig schwächen. Denken Sie nicht etwa, der Beichtvater empfinde Abscheu vor den gebeichteten Sünden. Wenn die Zerknirschung des Beichtkindes echt ist, erfährt der Priester im Gegenteil großes Wohlwollen und große Liebe für den Reuigen. Wirklich, es ist so! Dieser Zustand des Beichtvaters ist Zeugnis dafür, daß der Herr dem Reuigen vergibt und ihn liebevoll in seine Arme schließt wie den verlorenen Sohn.

So fassen Sie denn Mut. Möge sich Ihr Herz stärken. „Der in euch ist, ist mehr als der, der in der Welt ist."

Der Herr helfe Ihnen in allem Guten; er leite Sie zum richtigen Handeln an, er stärke und festige Sie auf dem Felsen seiner Gebote und führe Sie zur Erlösung und zur ewigen Glückseligkeit. Amen.

1960

... sich freuen!

Wer wird uns den Stein, den riesigen, vom Grab wegwälzen? – Wer hat ihn denn weggewälzt? Ein Engel, auf Gottes Geheiß. Er ist es auch, der von unserem Herzen den

Stein der Gefühllosigkeit wegwälzen wird, wenn die Zeit dafür reif ist. In Zeiten der Abstumpfung, der Kleingläubigkeit, der Zweifel, der seelischen Kälte, der Trauer, der Krankheiten und aller möglichen Unbilden soll man dem Herrn die Treue halten. Wenn Gott es geschehen läßt, daß der Glaube in uns beinahe erloschen ist, müssen wir diesen durch einen Willensakt in uns festigen; zeigen wir auf diese Art stets von neuem, wonach wir streben und wem wir den Vorzug geben ...

Die Starzen sagen, jeder guten Tat gehe eine Versuchung voraus oder folge ihr. Wirklich: einer solchen guten Tat wie dem Gebet aus vollem Herzen und besonders der heiligen Kommunion kann der Böse nicht ohne Rache zu nehmen zusehen. Er strengt seine Kräfte an, um uns weder richtig beten noch die heiligen Gaben würdig empfangen zu lassen. Und wenn es ihm nicht gelingt, dies zu verhindern, versucht er nachher, uns die empfangene Freude so zu vergällen, daß davon keine Spur mehr übrigbleibt. Alle, die am geistlichen Leben teilhaben, wissen das bestens. Bitten wir deshalb den Herrn mit Demut und zerknirschtem Herzen, er möge uns vor den Ränken des Feindes bewahren, des Feindes, der unmittelbar auf unsere Seele einwirkt oder durch Menschen, die in seiner Macht stehen.

Seien Sie darüber nicht erstaunt. Dieser Kampf ist grausam, und „wenn nicht der Herr das Haus baut, arbeiten die Erbauer vergeblich, und wenn nicht der Herr die Stadt behütet, wacht der Wächter umsonst". Wir müssen uns in Gottes barmherzige Hände begeben und ihm unsere Ohnmacht und Schwäche eingestehen, uns vor den sichtbaren und unsichtbaren Feinden zu schützen. Haben Sie keine Furcht. Der Teufel tut nicht das, was er möchte, sondern nur das, was ihn der Herr tun läßt. Siehe das Buch Ijob.

Gottes Segen sei immerdar mit Ihnen. Verzagen Sie nicht. Möge das Kreuz Christi Sie stets an Gottes unendliche Liebe zum gefallenen Menschen erinnern. Genügt nicht allein dieser Gedanke, um sich Gott ganz zu überantworten? Wer das Reich Gottes auch nur ein wenig sucht, den wird der Herr nie ohne Hilfe und Trost lassen. Der Herr liebt sie! Erdulden Sie ihn!

*

1960

... Friede und Erlösung!

... bei uns ist unter großen Schmerzen eine Klosterfrau gestorben. Wir müssen von Gott rechtzeitig „ein christliches Erbe unseres Lebens" erbitten, wie wir es in den Litaneien der Gottesdienste tun, „friedlich, ohne Qual und Schande, und ein gutes Bestehen vor dem furchtbaren Richterstuhl Christi". Stellen wir uns unser Ende vor, die Not und die Krankheit, die herbeistürzenden Dämonen, die Unzahl unserer Verfehlungen und die Macht des Bösen über Teile unserer Seele, schließlich das Fehlen guter Taten, auf welche wir zu unserer Entlastung hinweisen könnten. Die einzige Hoffnung ist die Barmherzigkeit, die Gott allen erweist, die an ihn glauben und ihre Sünden bekennen.

Entblößen Sie im Gebet Ihre Seele vor Gott in ihrer ganzen Unvollkommenheit, ohne Selbstrechtfertigung, und sagen Sie wie eine Aussätzige: „Gott, sei mir Sünderin gnädig." Auf einem solchen Gebet liegt stets Gottes Segen; es rechtfertigt den Sünder oder die Sünderin, die mit seelischem Aussatz geschlagen ist.

Im seelischen Leben des Christen gibt es zwei Abschnitte:

1. die Erkenntnis der eigenen Verderbtheit und Sündhaftigkeit;

2. die allmähliche Heilung von den seelischen Geschwüren.

Ohne den ersten Abschnitt wird es den zweiten nicht geben. Die Erkenntnis des eigenen Sündigens führt oft zu aufrichtiger, tiefer Demut, welche die Bedingung dafür ist, daß wir Heilung erlangen, ohne Schaden zu nehmen, und auch mit anderen Gottesgaben beschenkt werden. Ohne die Demut nämlich werden uns diese schaden, ja ins Verderben führen.

Eignen Sie sich aus Büchern und mit Hilfe Ihrer eigenen Erfahrung die geistliche Erkenntnis des Heilswegs an.

Der Herr lenke Sie zu allem Guten hin; er segne Sie und bewahre Sie vor allem Bösen.

1962

... Friede sei mit Ihnen!
Sie grämen sich gleichsam darüber, daß die Jahre vergehen und Sie Ihren Platz im Leben nicht gefunden haben. Das ist von dieser Welt und vom Fürsten dieser Welt. Er macht Ihnen Angst und verwirrt Ihre Gedanken, flößt Ihnen Besorgnis ein und lügt ohne Ende: So verrät er sich auf allen Gebieten.

Worin liegt das Wesen des Christentums? Darin, daß der allmächtige, allwissende Schöpfer des Weltalls den Menschen derart liebt und bemitleidet und sich so um ihn und um seine Erlösung bemüht, daß er seinen eingeborenen Sohn der Schande, dem Kreuz und dem Tod preisgab. Der Herr kümmert sich nicht nur um die

65

Menschheit als Ganzes, sondern auch um jeden einzelnen: Er hält ihn stets in seiner Hand, verteidigt ihn vor den sichtbaren und unsichtbaren Feinden und schenkt ihm durch Menschen, Bücher und Lebensumstände den Verstand. Wenn es nötig ist, den Menschen zur Belehrung und zur Abwendung von noch größerer Not zu bestrafen, tut Gott dies auf barmherzige Weise, und sobald der Mensch dies ohne Schaden übersteht, belohnt ihn Gott reichlich, als tue es ihm leid, ihn bestraft zu haben. Wer auch nur ein bißchen innerlich zu sehen gelernt hat, kann diese erstaunliche Vorsehung Gottes für den Menschen im Großen und im Kleinen ohne weiteres wahrnehmen. Wirklich: wenn Gott dem Menschen zuliebe sein Teuerstes hingegeben hat, nämlich seinen Sohn, wie kann er es an irgend etwas anderem mangeln lassen? Auch das ganze Universum stellt ja angesichts dieses Opfers nichts dar. Der Herr läßt es an nichts ermangeln, und zwar besonders jenen, die zu ihm hinstreben, sein Wort zu erfüllen trachten und jede begangene Sünde als Verletzung seines Willens, als Unaufmerksamkeit, Undank und fehlende Liebe zu ihm bereuen.

„Wer zu mir kommt, den werde ich nicht verstoßen." Der Herr freut sich über jeden, den es zu ihm zieht, unermeßlich mehr als eine Mutter über die Liebe, die ihr Kind ihr entgegenbringt.

Fürchten Sie sich deshalb nicht vor der Zukunft. Gott ist heute, morgen und in Ewigkeit mit uns. Fürchten Sie sich lediglich davor, ihn durch irgendeine Sünde zu beleidigen. Wenn wir aus Schwäche etwas Unschönem verfallen, so sollen wir bereuen, und der Herr wird uns vergeben. Nur sollen wir nicht bewußt die Sünde wählen und uns weder rechtfertigen noch gegen Gott murren. Fürchten Sie sich vor nichts. Haben Sie den Mut, all Ihre Trauer, Ihre Zweifel, Ängste und von den Dämonen und von den Mitmenschen erlittenen Beleidigungen dem Herrn anzuvertrauen: Er weiß, wann es für Sie nützlich sein wird, Sie davon zu befreien.

Glauben Sie nicht an sich und die Menschen. Glauben Sie an das Wort Gottes, an das Evangelium. Studieren Sie es im Lichte Ihres Lebens und Ihrer Erfahrung. Das Leben in Christo wird Ihnen eine solche Fülle geben, ein solches Verstehen des Ganzen, eine solche geistliche Freude und Standhaftigkeit, daß Ihnen das Leben der weltlichen Menschen nichtig, schal, armselig und eitel vorkommen wird (was es auch ist), voll von kleinem Gezänk und Verdruß und oft auch großem Leid. Sie sind glücklich. Bewahren Sie dieses Glück. Danken Sie dafür Gott, und er wird ihre Dankbarkeit vertiefen und seine Gnade vervielfachen. So sei es! Der Herr behüte und segne Sie!

*

1962

Liebe ...!

Danke für die Glückwünsche. Ich gedenke auch der Bitte von ... Er tut mir sehr leid; bisweilen gedenke ich seiner in Liebe und wünsche ihm, er möge aus den Klauen des Teufels befreit werden. Er soll jetzt nicht in Philosophie und Wissenschaft das suchen, was er verloren hat, sondern durch eine Willensanstrengung „glauben, ohne zu sehen", und sein Leben nach dem Glauben einrichten. Dann wird Hilfe kommen von oben; sie wird das feindliche Dunkel vertreiben und die Wahrhaftigkeit des Christentums so machtvoll und überzeugend in ihm bekräftigen, daß er aus ganzem Herzen ausrufen wird: „Herr, ich bin bereit, alle beliebigen Leiden auf mich zu nehmen: Sage dich nur nicht von mir los!" Das haben alle erfahren, die Gott suchten. „Bittet, so wird euch gegeben; sucht, so werdet ihr finden; klopft an, so wird euch aufgetan ... Welcher ist unter euch Menschen, so ihn sein Sohn bittet um einen Fisch, der ihm eine Schlange biete? So denn ihr, die ihr doch arg seid, könnt dennoch euren Kindern gute Gaben geben, wieviel mehr wird euer Vater im Himmel Gutes geben denen, die ihn bitten" (Mt 7, 8–11).

Warum ißt er „Schweinefleisch" und verwirft die Kirchenväter? Er meint doch nicht im Ernst, sie seien alle einem Trug erlegen? Wenn auch nur einer von ihnen die Wahrheit gesagt hat, ist auch das ganze Christentum wahr. Und unter welchen Qualen legten die Märtyrer Zeugnis ab von der Wahrheit, die sie erkannt hatten! Er braucht natürlich seine eigene, persönliche Erfahrung. Wenn er bittet, wird ihm gewiß gegeben werden.

Verzweifeln Sie in Ihrer Trübsal nicht, und lassen Sie die Arme nicht sinken! Lesen Sie öfter und mehr als bisher das Evangelium. Jesus Christus hat allen Reumütigen vergeben, sie aber auch gewarnt: Gehe hin und sündige fortan nicht mehr. Suchen Sie vermehrt bei ihm Schutz, gestehen Sie sich Ihre Verfehlungen ein, bitten Sie um Hilfe, zwingen Sie sich – laut oder in Gedanken – zum unablässigen Jesusgebet.

Der Herr führe Sie und bewahre Sie vor allem Bösen. Falls Sie ... schreiben, richten Sie ihm einen Gruß von mir aus, und sagen Sie ihm, die Kirchenväter hielten den Unglauben für eine ebensolche Leidenschaft wie die Unzucht, die Hoffart, den Stolz u. a. Der Feind agiert hier mehr als der Mensch. Den Unglauben muß man denn auch wie die anderen Leidenschaften bekämpfen, nicht indem man über die schlechten Gedanken nachdenkt und mit ihnen gleichsam zu diskutieren beginnt, sondern indem man sie verjagt, weiter mit dem Willen, mit dem Gebet – besonders dem Jesusgebet – und der von Herzen kommenden Bitte um Vergebung. Ob des heiligen Namens Jesus, vor dem sich jedes himmlische, irdische und höllische Geschöpf verneigt, wird das Treiben des Feindes geschwächt, ziehen Friede, Hoffnung, Glaube und Demut ins Herz ein und geht jede Versuchung vorüber. – Solange er aber wissenschaftliche und philosophische Werke und allerlei Apologien liest, versinkt er nur noch tiefer im Morast. Er soll das alles sein lassen und sich zu Dem wenden, welcher der Weg, die Wahrheit und das Leben ist.

Helfe ihm Gott! Ich schreibe dies als Bruder, nicht als Lehrer.

1963

Liebe ... Friede sei mit Ihnen!
Ich dachte, Sie wollten mir überhaupt nicht schreiben, und freute mich daher, als ich trotzdem einen Brief von Ihnen erhielt. Sie haben aus meinem Brief spüren können, daß ich Sie nicht verurteile, sondern Sie aufrichtig bemitleide und großes Mitgefühl mit Ihrer Not habe. In Krankenhäusern verurteilt man einander nicht wegen dieser oder jener Krankheit; so auch wir, die wir an seelischen Krankheiten, den Sünden, leiden. Wir müssen indes fest wissen und nie vergessen, daß man in keiner Lage verzweifeln soll. Die Verzweiflung – sie führt nicht selten zum Selbstmord – ist der Tod der Seele. Man kann die allerschwersten Sünden bereuen und dafür Vergebung erhalten. Manchem schlimmen Räuber und Mörder wurde auf seine echte Reue und Besserung hin nicht

nur verziehen, sondern gar die Heiligkeit zugesprochen, so Moses dem Äthiopier[10], Barbarus dem Räuber[11], Daniel[12] u. a. Damit zeigt uns der Herr, daß wir nicht verzweifeln sollen wie Judas, sondern Buße tun und so das Heil erlangen …

Die Rührung ist eine Gottesgabe. Sind wir ihrer würdig? Keinesfalls soll man während des Gebets irgendwelche gnadenvolle Zustände erstreben. Gemäß der entschiedenen Forderung des Bischofs Ignatij Brjantschaninow[13] hat das Gebet ausschließlich ein Reuegebet zu sein. Das hat der Herr selbst in seinem Gleichnis vom Zöllner und vom Phärisäer gelehrt. Für uns Sünder genügt das Gebet des Zöllners. Lernen Sie bei ihm beten; denken Sie nur nicht, das sei so einfach, nein: es ist etwas, was sehr in die Tiefe unseres Wesens geht. Im Gebet nämlich tut sich der Abgrund des Herzens auf, der voller Garstigkeiten steckt: „Dies ist ein großes und weites Meer, dort sind Ungeheuer ohne Zahl."

… Ich rate Ihnen vorläufig ab, vor dem Sonntag der Kreuzesanbetung[14] die heilige Kommunion zu empfan-

---

[10] Heiliger, ca. 320–395 (von räuberischen Beduinen ermordet); war Anführer einer Räuberbande, bekehrte sich und wurde Mönch in der Sektischen Wüste im Nildelta.

[11] Heiliger aus Nordgriechenland, auch er zunächst Räuber. Nach Bekehrung und Buße asketisches Leben im Walde. Gewaltsamer Tod durch vorbeiziehende Kaufleute.

[12] Gemeint ist wohl Daniel von Sketis, Mönch der Sketischen Wüste (6. Jh.). Er entkam einer Räuberbande dadurch, daß er seinen Wächter erschlug. Zur Buße pflegte er Kranke.

[13] Ignatij Brjantschaninow, in der Welt Dimitrij Alexandrowitsch B. (1807–1867), erhielt in Petersburg zunächst eine Ingenieursausbildung, bis er ins Kloster eintrat und 1831 Priester wurde. 1857 zum Bischof geweiht, zog er sich 1861 in ein Kloster zurück, wo er bis zu seinem Tod als Starez seine geistlichen Kinder lenkte. Autor von asketischen und theologischen Schriften.

[14] Dritter Fastensonntag.

gen. Dann sehen Sie selber weiter. Man muß Leid ertragen, den Menschen Gutes tun, sich mit Fasten und Verbeugungen kasteien u. a., soweit die Kräfte ausreichen. Sprechen Sie weniger mit allen Leuten, und gehen Sie ihnen aus dem Weg.

Im Chor betet man nie. Man suche sich lieber ein stilles Plätzchen in der Kirche aus, wo man sich verstecken und es dem Zöllner gleichtun kann.

Hoffen Sie nicht auf die Gewaltigen dieser Welt und auf die Söhne der Menschen. Hoffen Sie auf Gott, und strengen Sie sich an. Wenn Sie sich Ihrerseits nicht anstrengen, wird Ihnen auch Gott nicht helfen, wie das Beispiel des Judas zeigt. Viel vermag das „begünstigte" Gebet, d. h., wenn derjenige, der um ein Gebet bittet, selbst mit seinem Leben das Gebet seiner Mitmenschen unterstützt.

Der Herr stehe Ihnen auf dem Weg des Heils bei. Zwingen Sie sich dazu, öfter des Herrn zu gedenken, denn wer geliebt wird, ist immerdar im Gedächtnis des Liebenden. Fühlen Sie sich jetzt und in Zukunft stets als der Zöllner, und beten Sie wie er, zu Hause und in der Kirche und überall, sooft Sie können. Es behüte Sie der Herr!

1963

Liebe …! Der Friede des Herrn sei mit Ihnen!
Geben Sie sich Mühe, die Worte Ihrer Gebete aufmerksam zu sprechen. Falls Ihre Gedanken sich zerstreuen, suchen Sie den Fehler bei sich, „öffnen Sie sich Gott", und konzentrieren Sie sich wieder auf das Gebet. Ihr Herz wird sich so allmählich erweichen und Sie biswei-

len wohl auch zur Zerknirschung, ja zu Tränen führen. Geben Sie diese Augenblicke ganz dem Gebet hin, und hören Sie nicht auf den Feind, der tausend Gründe finden wird, Sie vom Gebet abzuhalten und Sie von der dringenden Notwendigkeit irgendeiner anderen Tätigkeit zu überzeugen.

Der Gedanke, ein bisweilen zerstreutes Gebet sei Sünde, stammt vom Teufel. Auf jede erdenkliche Weise will er uns vom Gebet ablenken, da er weiß, welche Gnade wir davon empfangen. Erkennen Sie die Ränke und Schliche des Feindes, und hören Sie nicht auf ihn. Sich selbst glauben soll man nicht, doch Reuearbeit leisten muß man. Der Herr ist gekommen, die Sünder zu erretten, aber die reuigen. Judas sündigte reuelos: Er verfiel der Verzweiflung und erhängte sich. Petrus dagegen bereute, und er fand wieder zu seiner Würde als Apostel. Jerusalem sündigte und erlebte einen grauenhaften Untergang wie Sodom und Gomorra, Chorazin, Betsaida, Kafarnaum. Ninive wiederum zeigte Reue und ward gerettet.

Wir sind alle Sünder und brauchen Reue: Nur dem Reuigen gilt das Kreuzesopfer des Erlösers. Weiter sagt der Herr den Menschen, denen er vergeben hat: „Geh hin und sündige fortan nicht mehr." Wir müssen von uns aus alles tun, um nicht einer schweren Sünde zu verfallen. Wenn wir direkt am Abgrund stehen, ist es leicht, uns einen Stoß zu versetzen und uns hinunterzustürzen. Stehen wir dagegen abseits, muß man uns zuerst zum Abgrund schleppen, und in dieser Zeit können wir um Hilfe rufen. Deshalb ist es ratsam, die Orte zu meiden, wo die Sünde droht.

Liebe …, „wenden Sie sich von der Erde weg zu Gott hin", rät der hl. Sissojos der Große. Alles Irdische verfliegt wie Nebel, und was wird von uns übrigbleiben,

72

wenn wir in unserer Seele nur Irdisches angesammelt haben? Was nützt es, wenn Sie die ganze Welt erwerben, Ihrer Seele aber schaden?

Der Herr erleuchte Sie und bewahre Sie vor jedem Übel.

*

1963

Liebe ...!
Ich will versuchen, eine Antwort auf Ihre Zweifel zu geben.

1. Ihre „Gedanken und Gefühle" stammen offensichtlich vom Feind. Das beste Mittel, sich von ihnen loszureißen, ist, sie dem Beichtvater zu eröffnen.

2. Wenn sie auftauchen, sprechen Sie unablässig die Worte: „Herr, erbarme dich!" oder das Jesusgebet. Sagen Sie eher das erste, und zwar so lange, bis die dämonischen Einflößungen verschwunden sind. Denken Sie an die Worte des Psalms, und beziehen Sie sie auf die Dämonen: „Sie umgaben mich allenthalben; aber im Namen des Herrn will ich sie zerhauen. Sie umgaben mich wie Bienen (...); im Namen des Herrn will ich sie zerhauen" (Ps 118, 11–12). So soll ein jeder handeln, denn aus eigener Kraft vermögen wir nichts. In allem ist Demut zu üben.

Im Zustand der völligen seelischen Erkaltung und Verfinsterung soll man unbedingt die Gebetsregel erfüllen – trotz Kälte, Zerstreuung usw. „Gib dein Blut und empfange den Geist."

Jedes Gestehen einer Sünde unter aufrichtiger Reue bringt den Beichtenden dem Priester näher, macht ihn lieber und teurer. Das ist eine allgemeine Erscheinung,

nur versucht der Feind, uns vom Gegenteil zu überzeugen.

Lassen Sie es unter keinen Umständen zu Verzweiflung und Hoffnungslosigkeit kommen, das ist schlimmer als jede Sünde: Das führt zum geistlichen Tod, ja
bisweilen zum Selbstmord. „Es gibt keine unverzeihliche
Sünde außer der unbereuten." Deshalb sollen wir den
Herrn um Verzeihung bitten, ihn, der nicht den Tod des
Sünders will, sondern der gekommen ist, die Verlorenen
zu retten. Wie wahr ist auch Gottes Wort, wonach demjenigen, der den Herrn liebt, alles zum Heil gereicht.
Wozu also den Mut verlieren und die Arme hängen lassen? „Wenn du gefallen bist, steh auf, und wenn du wieder fällst, steh wieder auf, und so weiter bis zum Tod"
(Sissojos der Große). Der Sturz macht den Menschen de-
mütig, ohne Demut ist es aber unmöglich, irgendeine
Gabe zu empfangen. „Dem Demütigen schenkt der Herr
Gnade." – „Denn er hat die Niedrigkeit seiner Magd an-
gesehen" (Lk 1, 48).

An Stolz fehlt es uns allen beileibe nicht, und Worte
vermögen uns nicht zur Demut hinzuführen. So läßt es
der Herr auch zu, daß wir allerlei schädliche Dinge tun
und so unwillkürlich zur Erkenntnis unserer Nichtigkeit und Häßlichkeit gelangen. All unsere Schönheit, alles, was gut ist in uns, ist im Herrn und vom Herrn. (...)

Es bewahre Sie der Herr vor allem Bösen und vor den
Angriffen des Feindes. Tun Sie Ihrerseits alles, was Sie
tun können, und der Herr wird alles tun, was für Ihre Erlösung nötig ist.

Friede sei mit Dir!

Wie geht es Dir? Bist Du nicht mutlos? Ob unserer Krankheiten und Leiden dürfen wir nicht verzagen und sollen auch nicht murren, denn gemäß einem von Gott begründeten Gesetz, das unerschütterlicher ist als Himmel und Erde, können wir ohne Mühsal nicht ins Reich Gottes eingehen. Die Menschheit steckt gegenwärtig in einer Phase, wo das Heil ausschließlich durch ein demütiges Ertragen des Leidens, durch den Glauben an Gott und die Hoffnung auf seine Barmherzigkeit erlangt werden kann. Einen anderen Weg gibt es heute nicht, nur diesen einen: Ertragen des Leidens. Der hl. Isaak der Syrer schreibt: „Mehr als jedes Gebet und jedes Opfer ist Gott das Leiden für ihn und um seinetwillen teurer." Und jedes Leiden, das wir ohne Murren und im Geist des guten Schächers akzeptieren (im Bewußtsein, daß es uns für unsere Sünden, zur Rettung und zur Läuterung herabgesandt wurde und wir „nach unseren Taten empfangen"), wird durch diese Haltung zu einem Leid um des Herrn willen. Unser persönliches Kreuz wandelt sich an das Kreuz Christi, welches uns die Erlösung bringt. „Sind wir aber mit Christus gestorben, so glauben wir, daß wir auch mit ihm leben werden", sagt Paulus (Röm 6, 8).

In Augenblicken des Leidens und der Mutlosigkeit nimmt man sich mit Vorteil einen Ratschlag des hl. Isaak des Syrers zu Herzen: „Halte dir stets das schwere Leiden der wahrhaft Leidenden und Erbitterten vor Augen (denken wir etwa an die Gefangenen und an die Verbannten), damit du Gott gebührend für deine kleinen und bedeutungslosen Leiden danken kannst und sie freudig zu ertragen vermagst."

In den freudig und dankbar ertragenen Leiden liegt die geistliche Freude verborgen, die Freude des geistlichen Wachsens „von Kraft zu Kraft".

Je mehr Anstrengung der Mensch darauf verwendet, sich von jeder Sünde, von sündigen und auch nur leeren Gedanken, Gefühlen und Wünschen zu läutern, je mehr er sich zu einem unablässigen, reinen und aufmerksamen, von Herzen und fromm gesprochenen Gebet zwingt, desto schwächer werden seine Leiden, und desto leichter vermag er sie zu ertragen. Denn das Ziel, für welches Leiden nötig ist und auf uns herabgesandt wird, erreichen wir so auf einem anderen Weg, auf dem Weg der mühevollen Erfüllung der Gebote und der ständigen Zerknirschung über unser Ungenügen diesen Geboten gegenüber. Dadurch können wir die anderen Mittel und die Leiden ersetzen. Besonders haben wir darauf achtzugeben, daß wir im Kontakt mit den uns nahestehenden Menschen gefügsam und gut seien. „Unser Heil liegt im Nächsten", sagt der hl. Pimen der Große. Wenn sich also der Mensch zu seinem Nächsten richtig verhält, d. h. dem Gebot der Nächstenliebe nachlebt, wird er dadurch auch imstande sein, alle anderen Gebote und besonders das oberste zu erfüllen: Liebe Gott, deinen Herrn, aus vollem Herzen. Wer auch nur einen einzigen Menschen haßt, der kann Gott nicht lieben. Es ist ja verständlich, daß Liebe und Feindschaft nicht in derselben Seele hausen können. Die Liebe zum Nächsten aber führt zur Liebe zu Gott: Beide sind ein Mysterium und haben mit den Beziehungen des Alten Menschen überhaupt nichts mehr gemeinsam. Nur die Erfahrung vermag dem Menschen die Tiefe der Gebote zu zeigen; ihre Erfüllung erneuert die Seele.

Suche Erlösung, verzage nicht, murre nicht und verletze niemanden mit einem spitzen Wort.

Bete und halte stets Gott vor Augen.

Friede Deiner Seele, liebe …!

Was verzagst Du so? Wo ist Dein Glaube? Verspricht der Herr etwa nicht, denjenigen alles Nötige zu schenken, die das Reich und die Wahrheit Gottes suchen? Prüfe Dich, ob Du das wirklich suchst, ob Du an das ewige Leben glaubst und an die Lehre der heiligen orthodoxen Kirche oder genauer an die Lehre des Herrn, wonach jeder Mensch nach dem Tod seinen Lohn nach seinem Glauben und seinen Taten empfängt. Glaubst Du an die Worte des Herrn, daß Dir ohne den Willen des himmlischen Vaters kein Haar vom Haupt fällt? Wenn Du das alles glaubst und dazu noch weißt, daß der Herr die Welt so geliebt hat, daß er seinen Sohn der Schande und dem Kreuz preisgegeben hat, um jeden, der an ihn glaubt, zu retten, dann sollst Du Dich ohne Murren dem Willen des Allmächtigen fügen. Weine nicht über den Verlust Deiner Stelle, sondern darüber, daß wir auf Gottes Liebe mit Murren, Kleinmut, Ungeduld und allerlei Gebotsübertretungen antworten. Sagt nicht der Herr selbst, wen er liebe, den bestrafe er und entreiße ihn durch Leiden der Erde? Auf diese Weise hilft er uns, unser Herz nicht nur während der Liturgie emporzuheben, sondern immerdar.

Wir haben doch kein Recht, dem Herrn vorzuschreiben, was er mit uns tun soll! Wenn wir uns ihm aber fügen müssen, hören wir auf, zu murren und irdische Unbilden zu beweinen und beweinen unsere Sünden, unsere ständigen Übertretungen seiner Gebote, unseren Kleinmut, unseren Unglauben, unsere Gefühllosigkeit, mit denen wir den Herrn Tag für Tag beleidigen. Sehen wir indes unsere Sünden nicht, sollen wir um so mehr weinen, da unsere Seele sich verhärtet und verfinstert hat und unser inneres Auge erblindet ist.

Verneigen wir uns bis zur Erde und bitten wir den

Herrn: „Gibt mir, meine Sünden zu sehen!" Und wenn wir uns durch Reue läutern, werden wir sehen, daß die uns herabgesandten Leiden ein Ausdruck von Gottes Barmherzigkeit und Liebe sind; wir werden erkennen, daß wir diese Leiden mehr benötigen als alle irdischen Güter. Die Mutter des Herrn, „reiner als die Kerubim und ungleich ruhmvoller als die Serafim", wie es im Gebet heißt, hat ein solches Leid erlitten, neben dem Deine schlimmsten Leiden nichts sind. Zudem läßt der Herr keine Versuchungen und Leiden auf uns zukommen, die unsere Kräfte übersteigen. Du hast noch nicht bis aufs Blut gekämpft, ja, hast Du überhaupt den Feind, hast Du Deine Leidenschaften bekämpft? Hast Du nicht in den Tag hinein gelebt, hast Du nicht Deine Nächsten verletzt, bist Du nicht grob, nicht geschwätzig gewesen usw.? Überprüfe Dein ganzes Leben im Gebet, bereue Deine Vergangenheit aufrichtig und mit Tränen, gelobe dem Herrn, alle Deine Kräfte im Kampf gegen die Sünde einzusetzen. Arbeite an dieser Aufgabe, und bald wirst Du Gottes Gnade spüren, ja ihm vielleicht aus voller Seele für die erduldeten Leiden danken. Übe Demut vor dem Herrn und vor den Menschen. (...)

Verzweifle nicht, erdulde den Herrn, beweine Deine Sünden, Deinen Kleinmut, Deinen mangelnden Glauben an Gottes Vorsehung, und der Herr wird Dich trösten.

Vergib mir, bete für mich. Der Herr segne, erleuchte und tröste Dich.

*

Friede sei mit Dir!

Du schreibst die ganze Zeit von Deinen gegenwärtigen und zukünftigen Leiden. Was soll ich dazu sagen? Die Antwort gibt das Evangelium. Der Gottmensch hat sein Erdenleben nach manchem Spott und vielen Schlägen am Kreuz beendet. Der gute Schächer, Symbol des reuigen Sünders, saß im Gefängnis und starb ebenfalls am Kreuz. Auch der andere Verbrecher kam ans Kreuz, endete aber in den ewigen Qualen. Dies ist das Sinnbild der ganzen Menschheit.

Wie die sichtbare Welt, hat auch die ethische Welt ihre geistlichen Gesetze, von denen das erste lautet: „Durch viele Trübsale müssen wir in das Reich Gottes eingehen" (Apg 14,22). Und: „Wer mir will nachfolgen, der verleugne sich selbst und nehme sein Kreuz auf sich und folge mir nach" (Mk 8,34). Hörst Du das? Wer auf Christi Spuren das Reich Gottes erlangen will, muß in langer und mühevoller Anstrengung alle Regungen des Alten Menschen unterdrücken und alle möglichen Leiden und Krankheiten ertragen. In seiner unendlichen Weisheit sendet Gott jedem Menschen zu dessen Heilung, Läuterung und Erlösung ein Kreuz, das auf den Charakter, die Eigenschaften und die Kräfte jedes einzelnen abgestimmt ist. Wenn wir ohne Widerrede unser Kreuz tragen, unsere Sünden bereuen und uns nicht rechtfertigen, werden wir gleich dem guten Schächer ins Reich Gottes eingehen.

Wenn wir aber murren und die Menschen und Gott lästern, kommen wir wie der reuelose Übeltäter um, unter großen Qualen und ohne erleichternde Hoffnung auf Erlösung. Die Entscheidung liegt bei uns; seien wir auch einsichtig: Dem Kreuz entgeht keiner von uns. Erleichtern wir uns also durch den Glauben an den Herrn, den Kampf gegen die Sünde, durch Reue, Verzeihen, demütiges Erdulden der Leiden und das Gebet zu Gott. In seiner Liebe will Gott unsere Erlösung; er läßt deshalb keine Leiden zu, die unsere Kräfte übersteigen und nicht unbedingt nötig sind. Die Leiden sind tatsächlich notwendig, doch kann der Mensch dies erst einsehen, wenn er sich durch Reue, Enthaltsamkeit von der Sünde und durch das Wort Gottes in bedeutendem Maße läutert.

Vergib mir. Der Herr stärke und segne Dich und behüte Dich vor allem Bösen.

＊

Liebe …!

Du bittest mich, die Absolution für jene Sünden zu geben, die Du mir in den beiden letzten Briefen beschrieben hast. Ich habe Dir geantwortet, ich hätte Dir alle gestandenen Sünden wie in der Beichte „vergeben und erlassen." Du brauchst sie nicht mehr zu nennen, wenn Du bei einem anderen Priester beichtest.

Allzusehr zerknirscht zu sein und ob seiner Sünden zu verzweifeln, ist nicht ein Zeichen von Demut, sondern von Stolz. Wir müssen zerknirscht sein und bedauern, daß wir mit unseren Sünden den Herrn beleidigen; wir müssen ihn um Vergebung bitten und uns bemühen, nicht mehr zu sündigen; gewiß. Wenn wir aber erneut irgendeine Sünde begangen haben, sollen wir, ohne zu zögern, den Herrn nochmals um Vergebung bitten, und er wird sie uns geben. Er ist ja nicht gekommen, die Gerechten zu retten, sondern die reuigen Sünder.

Die Aufrichtigkeit und Tiefe seiner Reue beweist der Mensch dadurch, daß er sich fest vornimmt, fortan nicht mehr zu sündigen. Sooft wir auch wieder stürzen –

verzagen wir darob nicht, bereuen wir und führen wir den Kampf weiter. So können wir aus dem Sturz sogar Nutzen ziehen. Manches davon hast Du ja schon begriffen.

Bekämpfe alle, auch die kleinsten Sünden. Wer im Kleinen untreu ist, dem vertraut man auch im Großen nicht. Sei auf der Hut; der Teufel kann Dir einflößen, dies oder jenes sei eine belanglose Kleinigkeit, und von wichtigeren Dingen sagt er, damit könne ja doch niemand fertig werden, das sei nur für die Asketen. Lies öfter das Evangelium und besonders auch die heiligen Kirchenväter. Ohne Lesen ist es schwer, sein Heil zu erlangen.

Der Herr helfe Dir dabei ...

*

Liebe ...!
Der Friede und die Gnade Gottes seien mit Dir. Deinen Brief habe ich erhalten. Schon lange hast Du mir nichts mehr über Deinen Zustand geschrieben. Ich freue mich über das, was Du schreibst, wenn Du es tatsächlich so erlebt hast. Es kommt nämlich oft vor, daß man seine Träume schildert oder etwas, das man gelesen oder gehört hat. Was Du schreibst, ist für einen Menschen, der auf dem rechten geistlichen Pfad wandelt, gesetzmäßig. Suche Dein Heil, arbeite, bete, bewahre Frieden mit allen; richte niemanden, sondern habe mit allen Erbarmen. Diejenigen aber, die offensichtlich sündigen, sollst Du nicht verurteilen: Bitte den Herrn darum, er möge ihnen vergeben und ihnen Vernunft schenken.

Das Maß des geistlichen Wachstums des Menschen ist

seine Demut. Je höher er im Geiste steht, desto demütiger ist er, und umgekehrt. Nicht die Gebetsregeln, nicht die Verbeugungen, nicht das Fasten und auch nicht das Lesen von Gottes Wort bringen uns Gott näher, sondern die Demut. Ohne sie sind alle, auch die größten, asketischen Glaubenstaten nicht nur unnütz, sondern sie können den Menschen geradezu ins Verderben stürzen. In unserer Zeit aber kann man beobachten, daß einer, kaum hat er ein bißchen mehr gebetet, den Psalter gelesen oder die Fasten eingehalten, sich den anderen gleich überlegen fühlt, die Mitmenschen richtet, sie ungefragt zu belehren anfängt usw. Dadurch beweist er aber gerade seine geistliche Leere und zeigt, daß er weg von Gott „in ein fernes Land" gezogen ist. Hüte Dich vor Eigendünkel, vor einer guten Meinung von Dir selbst. Der Herr Jesus Christus sagt, auch wenn wir alle Vorschriften einhielten, sollten wir uns für unnütze Knechte halten, die nur das getan haben, was uns aufgetragen ist. Das Heil aber ist eine Gottesgabe: das „geängstigte – das demütige – und zerschlagene Herz" (Ps 51,19). Bitten wir deshalb den Herrn um Demut. Richten des Nächsten und Empfindlichkeit sind damit unvereinbar. Wenn wir über andere urteilen oder gekränkt sind, sobald uns jemand beleidigt, sind wir sehr weit von der Demut entfernt. Die heiligen Asketen dankten jenen ganz aufrichtig, die ihnen eine Beleidigung oder eine Kränkung zugefügt hatten, da sie dadurch Demut üben konnten. Die Muttergottes bestätigt, daß Gott sie wegen ihrer Demut auserwählt hat. Der Erlöser selbst ruft uns alle auf, von seiner Demut zu lernen – nicht vom Fasten oder vom Gebet, nicht einmal von der Nächstenliebe, sondern eben von der Demut. Durch sie allein wird der Mensch mit dem Herrn eins im Geiste, mit dem Herrn, dessen Demut bis zum Erleiden von Bespucken, von

Schlägen, ja des Kreuzestodes gereicht hat. Selbstverständlich sind wir verpflichtet, auch alle Gebote aus vollen Kräften einzuhalten, aber ich wiederhole nochmals, daß sie ohne Demut unnütz oder schädlich sind. Versteh mich nicht falsch.

Schenke Dir der Herr Vernunft! Er bewahre Dich vor der Hinterlist der sichtbaren und der unsichtbaren Feinde und segne Dich.

*

Lieber ...! Grüß Dich!
Wie lebst Du? Sehr gerne möchte ich Dich sehen und mit Dir sprechen. Ich höre, Du trinkst weiter viel und schadest Dir damit außerordentlich. Was erwartet Dich auf diesem Weg? Ich schreibe es Dir gleich. Wenn Du nicht gegen dieses Übel ankämpfst, wirst Du in die volle Gewalt der Dämonen geraten. Sie werden Dich dazu anstacheln, immer mehr zu trinken und Dein Nervensystem zu zerrütten. So wirst Du erregbar und jähzornig werden: Anfänglich leichte Auseinandersetzungen werden dann immer größer und langwieriger. Das Geld wird Dir ausgehen, man wird Dich von der Arbeit wegjagen und Du wirst Deine Habe verkaufen, um einen erniedrigenden Kredit bitten und, wer weiß, vielleicht gar stehlen. Deine Wut wird sich zum dämonischen Haß steigern, der bis zur Mordlust führen kann. Die Dämonen, die vorher im geheimen agiert haben, werden Dir an jenem Punkt erscheinen, und zwar als Räuber, wilde Tiere, Schlangen usw. Später können sie auch in ihrer eigenen garstigen, abscheulichen Gestalt erscheinen. Wenn Du Dich auch dann noch nicht besinnst, werden

Sie sich dazu anstacheln, irgendein schweres Verbrechen zu begehen, etwa eine Brandstiftung oder einen Totschlag, um Dich schließlich ganz verzweifeln und Selbstmord begehen zu lassen. Würde der Mensch mit dem Tode gänzlich verschwinden, könnte man sich direkt freuen, daß die Qualen vorbei sind, aber der Tod ist ja eben keine Vernichtung. Der Trinker und Selbstmörder gerät von kleinen und zeitweiligen Leiden endgültig in die Macht der Dämonen und in eine schreckliche Pein, die kein Ende nimmt.

So wie die geistlichen Menschen, welche die Sünde bekämpfen und sie zu besiegen sich anstrengen, nach und nach die Fähigkeit erlangen, zuerst die geistliche Welt und später die Welt der Engel zu schauen, werden die Menschen, die großen Lastern ergeben sind – besonders der Trunksucht und der Unzucht – und nicht Buße tun, die Dämonen sehen und zu ihren Sklaven werden.

Schon das Aussehen eines geistlichen Menschen und eines in der Gewalt der Dämonen Stehenden sagt klar aus, wohin die beiden Wege führen. „An ihren Früchten werdet ihr sie erkennen", sagt der Herr (Mt 7, 16).

Mein lieber, teurer, guter, gescheiter …! Halt ein, wohin treibst Du? Wenn es für Dich auf Erden schwer ist, wie wird es erst nach dem Tode sein? Leidenschaften, tausendmal stärker als im irdischen Leben, werden Dich wie ein Feuer verbrennen, und Du wirst nicht die geringste Möglichkeit haben, sie zu löschen. Die Gewissensbisse über das vergeudete Leben und die begangenen Verbrechen werden wie ein Wurm ständig an Deinem Herzen nagen, und das Bewußtsein, daß Du Dich selbst der ewigen Glückseligkeit in der Gesellschaft der Heiligen und der Engel beraubt hast, wird Dich in alle Ewigkeit quälen.

Bringst Du es nicht fertig, das Trinken zu lassen, so

sieh wenigstens ein, daß Du etwas Schlechtes tust, daß Du Dich zugrunde richtest und die Dir nahestehenden Menschen und Gott beleidigst. Sieh dies ein, falle wenigstens einmal am Tag vor dem Herrn nieder und sage ihm: „Herr, ich gehe zugrunde, rette mich, laß nicht zu, daß ich mich ganz ins Verderben stürze. Herr, erbarme dich meiner, deines armen Sünders." Wenn Du diese Worte täglich aus vollem Herzen sprichst, wird der Herr Dir alle Deine Sünden vergeben und Dich vor dem Untergang retten. Als erster kam der Schächer am Kreuz ins Paradies; das hat der Herr so eingerichtet, um uns Sünder unter die Arme zu greifen und uns zu trösten. Dem wahrhaft Reumütigen vergibt der barmherzige Gott alles. Kein Sünder darf also verzweifeln: Sag nicht, Du seist schon verloren – das ist ein Gedanke des Teufels. „Im Himmel wird Freude sein über einen Sünder, der Buße tut" (Lk 15, 7).

Der Erlöser ist in die Welt gekommen, „um die Verlorenen zu suchen und zu retten." Hab keine Angst vor den Dämonen. Wenn sie in irgendeiner Gestalt auftauchen, rufe den Namen des Herrn Jesus Christus an, bekreuzige Dich und sie, und sie werden wie Rauch zerstäuben. Bewaffne Dich nicht mit Messern oder anderen Gegenständen – davor fürchten sie sich nicht –, sondern kämpfe mit dem Namen Gottes.

Ich habe im Gebet stets Deiner gedacht. Ich verspreche Dir, in jeder Liturgie für Dich ein Teilchen aus dem Opferbrot herauszuschneiden und den Herrn zu bitten, er möge Dich zur Vernunft bringen und Dir helfen, einen Ausweg aus Deinem Unglück zu finden. Leiste auch Du gleichzeitig Widerstand, wenigstens ein bißchen, und reiche den Dämonen nicht die Hand. Ich sag' es Dir noch einmal: Bitte mindestens einmal am Tag den Herrn mit einer tiefen Verbeugung, er möge Dich nicht dem

Verderben preisgeben, sondern die ewigen Qualen abwenden.

Habe doch Mitleid mit Dir und mit ... Du hast sie doch früher geliebt, und vielleicht auch jetzt noch. Tut es Dir denn wirklich nicht leid, sie zu quälen? Bitte sie um Verzeihung, wenn Du sie kränkst, auf daß der Herr auch Dir verzeihe. Wenn Du selbst mit Deinen Nächsten in Unfrieden lebst, wie wirst Du Dich mit Gott versöhnen können? Was immer Du auch tun magst: Verzweifle nicht. Bete in einem klaren Augenblick zu Gott, und er wird Dir helfen und Dir verzeihen. Besinne Dich! Komm zu uns, hier kannst Du beichten, kommunizieren und geistliche Bücher lesen ...

... Ich bin ein sündiger Mensch und bemitleide Dich aus ganzem Herzen. Der Herr aber bemitleidet jeden Sünder tausendmal mehr und wartet nur auf dessen Umkehr, um ihm alle Sünden und Abscheulichkeiten zu vergeben und ihn zu erlösen. Wende Dich im Gebet zum Herrn, bereue Deine Sünden und meide schlechte Menschen. Hör auf zu trinken, richte Dich nicht zugrunde.

Wendest Du Dich nicht in Reue und Demut zum Herrn, erwartet Dich noch hienieden großes Leid und nach dem Tod Heulen und Zähneknirschen, der unersättliche Wurm und das unauslöschliche Höllenfeuer; eine ewige, schaurige und unvorstellbare Qual.

So schwer es auch sei, alles Irdische nimmt ein Ende. Nach dem Tod aber bricht die Ewigkeit an, die Ewigkeit in unsäglicher Glückseligkeit oder in grauenhafter Qual. Die Entscheidung liegt in unseren Händen. Der Herr wünscht allen Menschen das ewige Glück, aber er zwingt niemanden dazu. Wenn Du nicht mit ihm im Licht und in der Freude sein willst, kommst Du zum Teufel in die ewige Finsternis und Qual.

Alles, was ich Dir hier geschrieben habe, ist die unzweifelhafte Wahrheit. Hab Mitleid mit Dir und sei barmherzig zu Dir.

*

Friede sei mit Dir, lieber ...!
... zum inneren Gebet möchte ich Dir folgendes sagen: Nimm Dir nicht irgendwelche großen Aufgaben vor, setze Dir keine Fristen, sondern meide stets und in allem das Böse, die Übertretung äußerer oder innerer Gebote, und zwinge Dich zum Guten. Wenn es Dich auch große Anstrengungen und Kämpfe kostet, sollst Du versuchen, nicht nach Deinem Willen zu handeln, sondern wie es der Herr in seinen heiligen Geboten will. Nicht umsonst heißt es, das Himmelreich leide Gewalt, und „die Gewalt tun, die reißen es zu sich" (Mt 11, 12). (...) Du bist von der großen Gnade Gottes gerettet worden, der den Tod des Sünders nicht will. Du warst dem geistlichen Untergang bereits nahe, und nach dem Tod hätte Dich der Abgrund der Hölle erwartet; Du wolltest und konntest mahnende Worte nicht hören. Es bedurfte eines radikalen Mittels, um Dich vom verhängnisvollen Weg abzubringen, eines Mittels, das Dir dann der Herr auch in Form einer Krankheit geschickt hat. Begehre deshalb nicht gegen Gott auf, verzage nicht, sondern danke ihm für seine Güte und für seine Sorge um deine Rettung.

„Wen Gott liebt, den bestraft er". Du bist nun näher zu ihm gekommen, beleidige ihn nicht durch deine Undankbarkeit und die Verletzung seiner heiligen Gebote.

Um ein konzentriertes Gebet zu erreichen, muß man vor Gott und den Menschen demütig sein. Ohne Demut nämlich ist man stets zerstreut. Gib aber nicht auf, verzweifle nicht, sondern gedulde Dich, warte und halte Dich unwürdig, irgendwelche geistlichen Gaben zu empfangen. In der Tat sind wir alle nicht nur unwürdig, in den Genuß einer besonderen Gnade zu kommen, sondern auch den Namen Gottes auszusprechen …

Betet für mich; auch ich gedenke Euer. Arbeite an Dir. Laß den Kopf nicht hängen, erdulde alles und danke dem Herrn für alles.

∗

Lieber …! Friede sei mit Dir!
Danke für den Brief; ich hatte schon angefangen, mir viele Sorgen um Dich zu machen. Leider lastet Deine Vergangenheit schwer auf Dir, aber ich bin froh, daß Du das wenigstens einsiehst, und ich verurteile Dich deswegen auch nicht. Der Mensch ist so schwach und die Sünde in Seele und Körper so stark (und die Dämonen verbeißen sich derart in den, der ihrer Gewalt zu entrinnen versucht), daß Rückfälle und bisweilen gar eine Rückkehr ins frühere Leben unvermeidlich sind. Laß Dich dadurch weder beirren noch entmutigen – alles braucht seine Zeit. Ins Reich Gottes geht man, wie Du weißt, mit Leiden, Kämpfen und großer Kraftanstrengung ein. Du hast im Evangelium gelesen, das Himmelreich sei einem Sauerteig gleich, das mit Mehl vermengt wird, bis es versäuert. So wird auch die Seele nicht augenblicklich vom neuen Sauerteig des Evangeliums durchsäuert. Manchmal läuft dieser Prozeß rasch ab, und bisweilen verlangsamt er sich: Du weißt schon, wovon ich spreche. Laß Dich deshalb nicht beirren, wenn

Du keine Besserung feststellen kannst. Bemühe Dich, nach den Geboten des Evangeliums zu leben, widerstehe jeder Sünde in Taten, in Worten oder in Gedanken, und gib nicht freiwillig Deinen schlechten Neigungen nach. Hast Du es dennoch getan, bereue es vor dem Herrn, bitte ihn um Vergebung und nimm den Kampf gleich wieder auf. Halte es so bis zum Tode.

Denke daran, daß Du allein nicht gewinnen kannst – rufe bei jeder Versuchung unseren Herrn Jesus Christus um Hilfe an. Dann wird Dein guter Wille von Gottes Kraft unterstützt werden, die jede Sünde und jedes dämonische Wirken zunichte machen kann. Wenn es Dir gelingt, ein sündiges Verlangen zu überwinden, so schreibe dies nicht Dir, nicht Deiner Kraft zu, sondern dem Herrn, und danke ihm für seinen Beistand. Schreibst Du es hingegen Dir zu, verfällst Du wieder der gleichen Sünde.

Rufe öfters den Namen Gottes an. Du hast ungefähr begriffen, was gut und was böse ist – jetzt erwartet der Herr von Dir, daß Du Dich ihm und seinen heiligen Geboten anschließest und Dein Leben nach ihnen und nicht nach den Einflößungen der Dämonen oder nach Deiner gefallenen, sündigen Natur ausrichtest. Du bist frei in der Wahl: Der Herr beobachtet, wohin Dein Wille Dich führt. Das Erdenleben ist uns ja dafür gegeben, daß wir hier frei zwischen Gott und dem Teufel wählen. Und das künftige Leben hängt deshalb vom irdischen ab. Wer sein ganzes Leben der Sünde frönt und dem Teufel dient, wird auch nach dem Tod in seiner Gesellschaft bleiben. Wer aber im Leben zu Gott strebt, geht, auch wenn er bisweilen gestürzt ist, nach dem Tod mit Gott in die ewige Glückseligkeit ein.

Der Herr hat Dir Deine Krankheit nicht umsonst herabgesandt – nicht so sehr für begangene Sünden, obwohl nach der Gesetzmäßigkeit des Sündigens auf jede Sünde Trauer folgt – als vielmehr aus Liebe zu Dir, um Dich vom sündigen Leben loszureißen und Dir den Weg des Heils zu weisen. Sei Gott dafür dankbar; er hat sich um Dich gesorgt. Beleidige ihn also nicht mit freiwilligen Sünden, sondern bekämpfe alles Böse. Sonst kann es sein, daß Du noch mehr als früher leidest.

Vergib mir, falls ich Dich auf irgendeine Weise gekränkt haben sollte. Viele Grüße und Gottes Segen.

*

Lieber …!

Dein Traum zeigt klar drei Dinge, erstens: die Feinde unseres Heils versuchen in unsere Seele einzudringen, sie auszuplündern, sie zu besudeln und für den Herrn untauglich zu machen. Zweitens: vor ihnen retten soll man sich durch das Gebet in Haus und Kirche sowie durch die Erfüllung der Gebote. Drittens: der Herr hat mit jedem Menschen Mitleid und wünscht dessen Erlösung. Welcher Liebe zum Sünder bedarf es, daß der Schöpfer der Welt selbst auf der Erde Menschengestalt annimmt und es zur Erlösung der Sünder auf sich nimmt, bespuckt, geschlagen und beschimpft zu werden und den Kreuztod auf sich zu nehmen!

Wenn wir auf diese Liebe Gottes mit Gleichgültigkeit antworten, mit Unglauben, Lauheit der Sünde gegenüber, mit bewußtem Übertreten der göttlichen Gebote und mit Selbstrechtfertigung anstelle von aufrichtiger Reue – was erwartet uns dann? Die Verstoßung aus Gottes Gesichtskreis. „Mit welcherlei Maß ihr meßt, wird euch gemessen werden" (Mt 7, 2) spricht der Herr. Wenn wir in Taten Gottes Liebe von uns weisen, wird uns auch der Herr von uns weisen. „Geht hin von mir, ihr Verfluchten, in das ewige Feuer" (Mt 25, 41). Das ist Gottes Gericht, das schon hienieden die verstockten Sünder trifft, die Gottes Wort verachten und das Evangelium zur Rechtfertigung ihrer Sündhaftigkeit verdrehen. Weh ihnen! Ewige Höllenqual, Heulen und Zähneknirschen erwartet jene, die Gottes Liebe geringachten, die um schmutziger weltlicher „Freuden" willen ihre Christenwürde verkaufen und lieber den Willen des Teufels ausführen. Wessen Wille der Mensch hier auf Erden erfüllt, mit dem wird er auch nach dem Tode zusammen sein. Wer hier der Diener des Teufels ist, wird dies auch im Jenseits sein und das Schicksal der Dämonen teilen.

..., Du hast alle inneren und äußeren Voraussetzungen für Reue und Erlösung; das ist heutzutage eine Seltenheit. Wenn Du diese Fähigkeit nicht nutzest und die Sorge um Dein Seelenheil aufschiebst, kannst Du Dich gründlich täuschen: der morgige Tag gehört uns nicht mit Bestimmtheit. Der Herr warnt uns, wir sollen jeden Augenblick bereit sein, da wir weder den Tag noch die Stunde unseres Todes kennen.

Ich rate Dir dringend, keine einzige Sünde zu rechtfertigen, so klein sie Dir auch scheinen mag. Jede Sünde ist ein Akt gegen den Willen Gottes und ein Zeichen der Lieblosigkeit dem Herrn gegenüber. „Mich liebt, wer meine Gebote hält." Jede begangene Sünde muß daher durch Reue geläutert werden.

... Suche Dein Heil, sieh zu, daß Du Dich von dieser Welt befreist, die allem Geistlichen und Gott selbst stets feind war und sein wird.

„Die Welt wird euch hassen", hat der Herr gesagt. Wen meint er damit? Alle, die an den Herrn Jesus Christus glauben und seinen heiligen Geboten nachzuleben sich bemühen.

... „Wer einen berechtigten oder unberechtigten Vor-
wurf zurückweist, weist seine Erlösung zurück." Wenn
uns unsere Augen für die eigenen Sünden aufgehen, sehen wir nicht einzelne Verfehlungen, sonders die völlige
Verkommenheit unserer Seele, welcher ständig die verschiedensten Sünden entspringen, mehr noch: Wir erkennen, daß selbst unsere guten Taten vom Gift der
Sünde durchdrungen sind. Wenn der Mensch das klar
sieht und sich anhand von Tausenden von Beispielen
völlige Rechenschaft darüber gibt, daß er den Aussatz
seiner Seele nicht selbst zu heilen vermag, wird er auf
„natürliche" Weise (nicht mit künstlichen Tricks) zur
Demut finden, und ebenso „natürlich" wird er aufhören, seine Mitmenschen zu verurteilen und beleidigt zu
sein, wenn er angegriffen wird. Er sieht dann nämlich im
Mitmenschen einen ebensolchen Zerfall wie in sich
selbst und wird ihn gleichsam als Unglücksgenossen be-
mitleiden. Ebenso hört er auf, die einen zu erhöhen und
die anderen zu erniedrigen, ja er enthält sich überhaupt
jeglichen Urteils, da einerseits alles sich im Zustand des
Gefallenseins befindet und andererseits „alles menschliche Maß falsch ist", sosehr wir uns auch um Objektivität
bemühen. Wie können wir also unsere Sünden rechtfertigen? Wie können wir beleidigt sein, wenn uns jemand
eines Vergehens bezichtigt, das wir scheinbar nicht begangen, dabei aber zahllose andere, abscheuliche Sünden
auf uns geladen haben, von denen niemand etwas weiß
und die der barmherzige Gott versteckt hält?
    Trösten wir uns nicht mit unseren vermeintlichen
Tugenden, sondern mit Gottes unergründlicher Liebe zu
uns Sündern, mit dem Kreuz Christi und mit den Worten: „Ich bin das Bild deines unaussprechlichen Ruhms,

wenn ich auch Sündengeschwüre trage." Jesus Christus ist auf die Erde gekommen, um das „entstellte Antlitz des Menschen wiederherzustellen." Alle Geschöpfe schulden ihm, dem Vater und dem Heiligen Geist ewigen Dank.

Mögen unsere Tugenden vor ihm verblassen; stellen auch wir wie der Zöllner das Ebenbild Gottes in uns wieder her und rufen wir aus: „Herr, sei mir Sünder gnädig, sei uns allen Sünder gnädig." Dann werden wir dieses Leben gerechtfertigt verlassen, wie der Zöllner den Tempel, und eintreten „durch die Tür und selig werden" (vgl. Joh 10,9).

*

1960

Lieber ...

Morgen ist Dein Referat. Schlag Dich gehörig gegen den Duchesne[15], und nimm auch die anderen dran. Wie zeitgemäß das sein wird! Du hast natürlich in der „Prawda" vom 5.12. den Artikel von Alexander Ossipow gelesen. Deine Reaktion, wie die jedes gescheiten Menschen, ist verständlich. Sehr gerne möchte ich genauer und besser erfahren, wie sich die Studenten dazu verhielten. Verstehen sie, daß dieser Unglückliche in seinem Artikel sich als derartige moralische Null erweist (und dies – das ist die Hauptsache – nicht einmal

---

[15] Gemeint ist vermutlich Louis Duchesne (1843–1922), Kirchenhistoriker, Autor einer „Histoire ancienne de l'Eglise", Paris 1906–1910 (seit 1912 aus dogmengeschichtlichen Gründen auf dem Index). Möglicherweise wurde dieses Werk in der Leningrader Geistlichen Akademie, von der hier die Rede ist, im Fach „Kirchengeschichte" als Unterrichts- und Examenstext benutzt.

merkt), daß dieser Artikel auf den Leser eine Wirkung ausübt, die das Gegenteil von dem ist, was der Autor erreichen wollte. Weder hat er sich gerechtfertigt, noch hat er der Religion geschadet, sondern gezeigt, daß der Herr zur rechten Zeit die versteckten Judasse offenbart und aus der Kirche entfernt.

Hast Du beachtet, daß im Absatz über das Gebet vor dem Wort „Gottesdienst" drei Pünktchen stehen? Ich bezweifle nicht, daß dort irgendein unflätiger Ausdruck stand, etwa „Gebetsgeschwätz". Sogar die Redaktion hielt es nicht für möglich, dies zu drucken. Der Geist, der seine Feder führt, schüttet seine Bosheit hauptsächlich auf den Gottesdienst und auf das Jesusgebet. Achte darauf! Der gefallene Mensch kommt während des aufrichtigen und rechten Gebets mit dem Weltenerschaffer in Beziehung, erhält von ihm große Gnade und die Kraft, den mächtigen Geist zu verjagen, der sich Gott gleich dünkt. Wie kann man diese Beleidigung ertragen! Mögen alle die Bedeutung und die Kraft des Gebets und die Gnade verstehen, die Gott uns Sündern erweist!

Der unglückliche Alexander hat mit seinen Worten über das Gebet gezeigt, daß er nie auch nur ein einziges Mal gebetet und folglich auch nie an Gott geglaubt hat. Er sagt sich ja auch nicht von Gott los und nicht vom Christentum, sondern von seiner *Vorstellung* von Religion und von Gott. Seine Lossagung selbst ist nicht das Ergebnis aufrichtigen Zweifels oder einer Suche. Nein. Allzu nichtig sind die Gründe, die er dafür vorbringt. Er ist sichtlich ein praktischer Mensch, ein Mensch von dieser Welt. Solange seine Lage mehr oder weniger gesichert war und er ein hübsches Gehalt beziehen konnte, maskierte er sich als Gläubiger, küßte die Hände der Bischöfe, die er verachtete, und „bereitete die zukünftigen

Priester auf ihre seelsorgerische Tätigkeit vor." Als jedoch seine Position ins Wanken geriet, beschloß er, an der anderen Front festen Boden unter den Füßen zu gewinnen. Solange man seine Lossagung noch brauchen und ihn aufnehmen konnte, beeilte er sich, dies zu tun, bevor es zu spät war.

Als Jesus Christus nach der Sättigung der Fünftausend vom Brot des Lebens sprach, gingen viele von ihm weg, da sie seine Worte nicht akzeptieren konnten. Diese Leute handelten ehrlich. Ihre sinnliche Klügelei konnte sich nicht bis zum Geist der Wahrheit aufschwingen. Judas hingegen verließ Jesus Christus nicht, da er Geld in einer Truhe mit sich führte, das er für sich brauchte. Er hoffte auf noch Größeres. Gleich wie die anderen erwartete auch er den Anbruch des Reiches des Messias mit all dessen Wohltaten für sich selbst. Als er jedoch sah, daß Jesus Christus sein Reich nicht auf Erden errichten wollte und daß Ihn der Tod erwartete, nützte er auch dies zu seinem Vorteil aus: Er lief ins Lager seiner Feinde über, verriet Christus und erhielt die dreißig Silberlinge. Denn Er mußte ja ohnehin sterben!

Nicht umsonst vergleicht man die Menschen, die sich in unseren Tagen von Christus lossagen, mit Judas. Dies geschieht nicht, um die Abgefallenen zu beleidigen (sie verdienen großes Mitleid), sondern weil in beiden Fällen die seelische Haltung dieselbe ist: Ohne Glauben, sondern aus Gewinnsucht folgten sie Christus, und aus Gewinnsucht verkauften sie ihn auch.

Verräter haben indes noch nie und nirgends Vertrauen und noch weniger Achtung genossen. „Der Mohr hat seine Schuldigkeit getan, der Mohr kann gehen ..."

Alexander war vor der Lossagung unaufrichtig, und er ist es auch nach der Lossagung. Er ist ein psychologischer

Narr, der sein Haus auf Sand baut. Ob einer kleinen Versuchung stürzte es ein, und sein Sturz war groß[16].

Wir warten auf einen Brief von Dir. Geh nicht zur Post bei der großen Kälte. Vielleicht kommst Du zum Sankt-Nikolaus-Tag?

Gott behüte Dich.

*

1960

Lieber ...!

Das Böse ist nicht von Gott geschaffen; es ist wesenlos. Das Böse ist die Entstellung der Weltordnung (und wenn wir von Menschen und Engeln sprechen, der ethischen Ordnung) durch den freien Willen des Menschen und der Engel. Ohne die Freiheit gäbe es auch die Möglichkeit nicht, die ethische Ordnung zu entstellen, welche weise und vollkommen ist. Die Engel und die Menschen unterwürfen sich wie Automaten den Gesetzen der physischen und der ethischen Welt, und es gäbe das Böse nicht. Doch ohne Willensfreiheit gäbe es im Menschen und in den Engeln auch nicht Gottes Ebenbild. Ein richtiges Wesen ist ohne Willensfreiheit undenkbar. Übrigens müssen alle atheistischen Lehren die Willensfreiheit verneinen, wenigstens in der Theorie; in der Praxis lassen sie ihr heimlich ein Hintertürchen offen, sonst

---

[16] Anmerkung des Herausgebers: Dieser Brief wurde zur Zeit der Kirchenverfolgung unter Chruschtschow verfaßt, als einige Priester vom Glauben abfielen und dies in der Presse kundtaten. Hier ist die Rede von Alexander Ossipow, Professor für Altes Testament an der Leningrader Geistlichen Akademie. Zur Zeit seiner Lossagung von der Kirche stand er wegen Zweitheirat unter Verbot der Ausübung seines Priesterberufs.

müßte man sich ja mit Schrecken eingestehen, der Mensch sei ein verschwindend kleines Partikelchen einer riesigen, seelenlosen Maschine, die sich keinen Deut um den Menschen kümmert und nichts von ihm wissen will, sondern ihn unbarmherzig verkrüppelt oder zermalmt, wenn die Gesetze dieser Maschine es erfordern.

Vernunftbegabte Wesen, die sich als selbständige Persönlichkeiten erkannt haben, als ein Ich, als neue eigenständige Lichtquellen (Iwan Karamasows „Würmchen") und als Zentren, für welche die ganze Welt – ein Kreis mit Radius n – lediglich ein Objekt der Erkenntnis und des Handelns ist, wobei auch Gott in einer gewissen Weise nur ein Objekt ist, solche Persönlichkeiten also haben vor dem Sündenfall ihre Größe weitaus besser ermessen als die gefallenen Menschen. Von ihnen heißt es: „Ihr seid Götter und Söhne des Allmächtigen." Sie kannten das Böse nicht und vermochten das Gute, über welches sie verfügten, nicht ganz zu ermessen. Der Wunsch, „wie die Götter" zu werden, „die Gut und Böse kennen", brachte sowohl die Engel als auch die Menschen zu Fall. Hier beginnt die Geschichte der Menschheit.

Den Menschen in Ehrfurcht und in Liebe zu Gott zu erziehen, ohne seine Willensfreiheit zu beeinträchtigen, und ihn zur Würde von Gottes Sohn zu erheben ist eine äußerst komplizierte Aufgabe, eine Aufgabe, die für den Menschen absolut unlösbar ist und sogar von Gott das größte Opfer abverlangte: Menschwerdung, Kreuzestod und Auferstehung.

Ein hochmütiger Mensch kann nicht erlöst werden; er kann sogar im Paradies von Gott abfallen, und zwar endgültig, wie die Dämonen.

Deshalb läßt der Herr uns zeit unseres Lebens spüren, daß wir ohne ihn nichts sind als Sklaven unserer kleinen Leidenschaften, ja des Teufels. Deshalb auch will der

Herr bis zu unserm Tod nicht, daß das Unkraut ausgerissen werde; wir sollen nicht „zugleich den Weizen ausraufen" (Mt 13,29): Ohne seine Schwächen und mit ausschließlich guten Eigenschaften ausgestattet, verfiele der Mensch unweigerlich dem Hochmut. Wenn wir nun mit unseren wenigen und bescheidenen Tugenden es schon fertigbringen, hochmütig zu sein, was wäre erst, wenn wir bereits im Erdenleben die ganze Herrlichkeit der vergöttlichten Seele schauen könnten? Selbst der Apostel Paulus brauchte die „negative Hilfe" eines gefallenen Engels, um nicht der Überheblichkeit zu verfallen. Und wir denn?

So wie der Herr uns Menschen erlösen will, sucht der Teufel unser Verderben. Der Teufel flößt uns die Illusion eines Sieges über uns selbst ein und verführt uns dadurch zu Selbstzufriedenheit und Hochmut. Desgleichen schenkt er uns Erfolge in der Unterwerfung der Natur und flüstert uns zu: „Durch das Wissen (die Wissenschaft) werdet ihr die Natur besiegen, unsterblich sein und zu Göttern werden. Ihr könnt schon jetzt stolz sein auf eure Errungenschaften ..." Wie gegensätzlich die beiden Ausrichtungen sind, liegt auf der Hand: Gottes Fürsorge um unsere Erlösung und des Teufels Bemühen, auch diejenigen ins Verderben zu stürzen, die alle ihre Kräfte für das „einzig Notwendige", das Reich Gottes, einsetzen. Von der Theorie geht das ins Leben über, steht doch der Mensch – bald fallend, bald wieder sich aufrichtend – in ständigem Kampf gegen das Böse, gegen den Teufel und dessen Einflößungen. In diesem Kampf erkennen wir unsere Schwäche und die Schlauheit des Feindes, aber auch Gottes Hilfe und Liebe zu uns. So lernen wir den Preis von Gut und Böse kennen, entscheiden uns bei vollem Bewußtsein und ohne zu schwanken für das Gute und für Gott, dessen Ursprung.

Wenn wir auch fallen und Böses tun, erkennen wir dies als Sünde, verurteilen uns, bereuen und bitten Gott um Vergebung und bekräftigen dadurch unsere Wahl des Guten – wenn auch mit umgekehrten Vorzeichen.

Das ist ein sehr weites Feld. Du sagst richtig, der Mensch müsse in die Demut, das Gegenteil des Hochmuts, eingehen. Diesen Gedanken habe auch ich hier auszudrücken versucht, nur mit anderen Worten. Vielleicht war es für Dich interessant, diese Zeilen zu lesen, und wenn nicht, werden sie Dir wohl ein andermal von Nutzen sein. Man kann es überzeugender und schöner sagen mit Zitaten aus den heiligen Kirchenvätern. Dies hier sind nur Skizzen jener Gedanken, die ich mir in den letzten Jahren zu eigen gemacht habe. Verzeih ...

1961

Lieber ...! Friede sei mit Dir!

Du fehlst uns bereits. Wie geht es Dir? Achte nicht darauf, wenn man Dich ungerecht behandelt. Du trittst immer weiter ins Leben ein, die Menschen aber sind alles gefallene Geschöpfe; dies wirkt sich natürlich auf die Beziehungen zu den Mitmenschen aus. Deshalb hat der Herr ja zu seinen Jüngern gesagt: „Gehet hin; siehe, ich sende euch wie Lämmer mitten unter die Wölfe" (Lk 10, 3), aber auch: „Ich werde mit euch sein bis ans Ende der Welt."

Es braucht zwar auch unsere Klugheit und Umsicht, das Wichtigste aber ist, den für den leiblichen Menschen unsichtbaren, für den geistlichen Menschen indes sichtbaren Herrn unablässig um Hilfe anzuflehen, den Herrn, der jedem auf ihn Hoffenden verspricht, ohne seinen –

des Herrn – Willen werde ihm kein Haar vom Haupte fallen.

Die Apostel hofften auf ihn und erduldeten alles, aber sie besiegten die Welt: Wenige Schafe wurden mit einer Unmenge von Wolfsrudeln fertig. Zeugt das etwa nicht von der Kraft und der Vorsehung Gottes? Der Herr ist heute und in Ewigkeit derselbe wie gestern. Wende Dich in allen Nöten und Mühen zu Gott, und „er wird dich tränken".

Immer, auch in der größten Eile, kann man sich in Gedanken an den Herrn wenden und sagen: „Jesus Christus, Sohn Gottes, erbarme dich meiner; Herr, sei mir Sünder gnädig"; oder, wie Barsanuphios der Große[17] rät, denke wenigstens daran, daß es den allsehenden Herrn gibt, der auch Dich sieht – das reicht bereits, um den Weg aus einer schwierigen Lage zu finden. Wenn Dich aber ein Leid trifft und das Gebet keine Erleichterung bringt, laß den Mut nicht sinken, murre nicht und verfalle nicht dem Unglauben, sondern denke daran, daß es ohne Leiden keine Erlösung, ja nicht einmal eine Lebenserfahrung gibt. Der Glaube und das Gebet bewirken, daß das Leiden uns einen großen Nutzen bringt, ohne Beten aber zu Murren und Kleinmut führen und Seele und Körper Schaden zufügen kann. Deshalb müssen wir lernen, stets mit Gott zu sein – er ist immer mit uns. „Gott ist mit uns! Höret, ihr Heiden (ihr Leidenschaften, ihr Dämonen und gefallenen Menschen, ihr Werkzeuge des Bösen), und unterwerft euch, denn Gott ist mit uns!"[18]

... Sonst habe ich nichts zu berichten. Heute waren wir zum erstenmal seit Weihnachten im Wald. Wir

[17] Koptischer Mönch des 6. Jahrhunderts, lebte als Rekluse im Kloster des Seridos bei Gaza.

[18] Aus einem Gesang des russisch-orthodoxen Festgottesdienstes.

brauchten dringend frische Luft – ich war schon von Kräften gekommen, und auch den andern tat die Bewegung gut.

Ich habe meine Erklärung von Rubljows Ikone „Die Dreifaltigkeit" entdeckt. Wenn Du kommst, erzähle ich Dir davon. Ich bin überzeugt, daß diese Erklärung die richtige ist. Ich weiß nicht, ob es sie irgendwo schon gibt. Bei Alpatov [19] nicht, obwohl er nahe an sie herankommt.

Schreibe mir, wie es Dir geht ... Sei nicht traurig, wenn Du Unannehmlichkeiten hast, und „vertraue Deine Gram Gott an".

1961

Lieber ...!
Deinen Brief haben wir erhalten. Denke, daß Du uns nicht vergißt. Gewöhnlich erhält man um so weniger, je mehr man erwartet.

Vater Pawel tut mir sehr leid. Man darf ihn keinesfalls verurteilen, sondern soll jedesmal, wenn man an ihn denkt, aus ganzem Herzen seufzen und sagen: „Herr, hilf deinem Diener, erlöse ihn!" Er braucht unser Mitgefühl und unsere Gebete. Wenn ein Glied leidet, so leidet auch der ganze Körper. Wir sollten alle darum bitten, für ihn eine Liturgie zu feiern, und den Abt der Lawra ersuchen, in allen Kirchen des in der Versuchung Stehenden gedenken zu lassen.

Dies ist ein Ergebnis der falschen Grundlage des Priesterseminars. Man hat mechanisch den äußeren Aufbau

---

[19] Bekannter sowjetischer Kunsthistoriker, Spezialist der altrussischen Kunst.

der früheren Schule übernommen, aber ohne deren Vorzüge, ohne deren erfahrene und gebildete Lehrer und ohne Berücksichtigung der heutigen Zustände – und ließ es dabei bewenden. Zu den Zöglingen herrscht ein Verhältnis wie zu Lagerinsassen und nicht wie zu freien Persönlichkeiten, denen man allseits beistehen muß, allem voran ihren Glauben zu festigen, den lebendigen Glauben an Gott, anstatt sie einen Haufen gedanklichen Rohstoff auswendig lernen zu lassen. Gibt es ein Unterrichtsfach, das auch nur in den Kopf geht (vom Herzen gar nicht zu sprechen), das der Lernende sich aneignet? Ich bezweifle das, da man den Zöglingen nur eine Menge Fakten, ein rohes, unverdautes Material bietet, schlimmer noch: Ist der Glaube klein, führt die Behandlung geistlicher Wahrheiten durch den „falschen" Verstand zu einer „Entwertung" dieser Wahrheiten. Der Schleier des Geheimnisses und der tiefen göttlichen Weisheit wird ihnen so genommen. Diese Wahrheiten werden zum Gegenstand von Diskussionen und Widersprüchen, die dem Lernenden fremd sind; der Glaube wird auf diese Weise schwächer und verschwindet ganz. Deshalb kommen aus den Priesterseminaren manche der giftigsten Atheisten.

Man hat die Zöglinge mit Fächern überlastet. Sie haben gar keine Zeit, über den einzupaukenden Stoff nachzudenken: Der Lehrplan ist falsch angelegt. Die geistliche Schule muß

1. den Glauben festigen;

2. beten lehren;

3. dem Zögling die Erkenntnis seiner selbst und seiner Sündhaftigkeit vermitteln;

4. ihm den Kampf gegen Sünde und Versuchungen nach dem Vorbild der heiligen Kirchenväter beibringen;

5. die Werke der heiligen Kirchenväter und durch sie das Evangelium verstehen und fühlen lehren und zeigen, wie man daraus etwas Eigenes, Vertrautes und Lebendiges macht, das alle Bedürfnisse der Seele in jeder Lebenslage befriedigt, und nicht ein Lernobjekt;

6. die Gebote des heiligen Evangeliums nicht als Hindernisse für ein freies Leben zu sehen lehren, sondern als Weg zu einer wertvollen Perle, für die der Mensch freudig alles hergibt, d. h. alle weltlichen Interessen und Vergnügen, alles von der Welt Hochgeschätzte zurückläßt, und zwar nicht aus Zwang, sondern weil ihm die Seele den Weg zu dieser Perle weist. Diese aber kann jeder schon auf Erden finden, der den Glauben an Christus in sich trägt und sich nach Kräften bemüht, den Geboten des Evangeliums nachzuleben.

Schon diese kurze, unvollständige Liste der Aufgaben des Priesterseminars zeigt, wie weit die heutige geistliche Schule von diesen Zielen entfernt ist. Alles müßte neu gemacht werden, angefangen bei den Lehrplänen über die Verwaltung bis zu den Räumlichkeiten. Man wird entgegnen, dazu sei jetzt nicht der Zeitpunkt. Wenn nicht alles, so läßt sich doch einiges tun. Die Hauptsache ist, diese Ziele im Auge zu behalten und alles zu unternehmen, was möglich ist – das andere kann man nur bedauern. Dann würde man sich ganz von selbst zu den Lernenden nicht mehr wie jetzt verhalten, sondern wie zu lebendigen Seelen, vor denen vom Rektor bis hinab zum Gehilfen sich alle als Schuldner fühlen müssen, die ihre Schuld nicht abzuzahlen vermögen.

Ich bin schon ins Schwatzen gekommen. Sieh diese Zeilen als einen sehr ungefähren, schnell hingeschriebenen Entwurf an. Doch der Richtung und dem Sinn nach muß es so sein. Das Haupthindernis ist das Fehlen der entsprechenden Leute. Sitzen wir an den Wassern zu Babel und weinen wir[20]. Mag sein, daß der Herr sich unser erbarmt und uns erlöst, die wir die Gefährlichkeit unserer Lage erkennen und, wenn immer möglich, ausrufen: Jesus Christus, Sohn Gottes, erbarme dich über mich Sünder!

Der Herr behüte Dich.

*

1961

Lieber ...!

Gott wünschte in seiner Gnade, sich mit vernunftbegabten, freien Wesen zu umgeben, die seiner Herrlichkeit, seines Lebens und seines Wesens teilhaftig werden könnten. Dazu schuf er die Welt der Engel und später den Menschen. Ein Teil der Engel mißbrauchten ihre Freiheit, wiesen die Einheit mit Gott zurück, ja widersetzten sich ihm und verfielen dem Stolz. Diese Engel lösten sich freiwillig aus dem göttlichen Leben heraus, wurden aus dem Himmel verstoßen und dazu verurteilt, am Boden zu kriechen, fern von Gott, und in ihren Leidenschaften zu vermodern, ja sich von ihnen zu ernähren, wie Gott zur Schlange sprach: „Du sollst Erde essen dein Leben lang" (Gen 3, 14).

Auch der Mensch fiel, aber nicht so wie die früheren Engel. Schon vor der Erschaffung des Menschen sah der Herr voraus, daß dieser nicht imstande sein würde, Gott immerdar treu zu bleiben und Gottes Gaben voll und ganz anzuerkennen, als da sind das Leben, die menschlichen Eigenschaften, die Seligkeit des Paradieses. Um

---

[20] Vgl. Ps 137, 1. Dieser Psalm wird in den Gottesdiensten der Großen Fastenzeit gesungen.

diese Gaben zu würdigen, den Herrn aus ganzem Herzen und aus ganzer Seele, mit all seinen Sinnen und Kräften zu lieben, muß der Mensch einen besonderen Weg gehen, auf welchem er das Böse, die Leiden und den Tod bis zur Neige erfahren kann und so begreifen lernt, daß er fern von Gott stets leiden wird und daß seine Seligkeit in der Gemeinschaft mit Gott und in der Liebe zu ihm besteht. Weiter muß der Mensch die Erfahrung machen, daß er aus eigener Kraft die Gemeinschaft mit Gott nicht wiederherzustellen vermag. Dies ist nur möglich, wenn er sich von jedem Makel des Leibes und des Geistes läutert; die Erfahrung der Jahrtausende indes hat gezeigt, daß niemand sich selbst läutern kann. Der Mensch, der seinen eigenen Kräften überlassen wird, muß sein irdisches Leben fern von Gott verbringen und wird auch nach seinem Tode von Gott getrennt, in der Hölle, sein.

Als die Menschheit dies vollständig begriffen hatte, vollbrachte Gott eine Tat, die den Himmel (die Welt der Engel) und die Erde (das ganze sichtbare Universum) erbeben ließ. „Für uns Menschen und um unseres Heils willen" (Credo) ist der Herr selbst vom Himmel herabgestiegen, hat Fleisch angenommen durch den Heiligen Geist und aus Maria, der Jungfrau, und ist Mensch geworden. Freiwillig hat er Verfolgung, Bespuckung und den Kreuzestod auf sich genommen, um den Menschen zu erlösen. Er vereinigte die Menschen mit sich und erlitt all das, was ein jeder von uns erleiden muß, um die Gemeinschaft mit Gott wiederherzustellen. Darin trat Gottes unermeßliche Liebe so zutage, daß sie auch das verstockteste Herz erweichte und zu sich rief.

Um erlöst zu werden, muß der Mensch in seinem Erdenleben fest an den Herrn glauben, seine Sündhaftigkeit erkennen, sich zum Herrn hinwenden, auf dessen Liebe mit seiner Liebe antworten und diese Liebe mit einem Leben nach dem göttlichen Wort bezeugen. Auch muß er unfähig werden, seinen freien Willen gegen Gott zu richten, und zwar nicht aus Unterdrückung des freien Willens und wegen äußerer Umstände, sondern aus Hingabe, Liebe und Dankbarkeit zu Gott.

Wenn es auch irgendwelche anderen Wege zur Erlösung des Menschen gibt, worauf etliche heilige Kirchenväter mit der Begründung hinweisen, Gott sei allmächtig und könne uns auf verschiedene Weise retten, soll man aus Gottes Eigenschaften meiner Ansicht nach doch schließen, daß der von ihm gewählte Weg der beste und der kürzeste ist.

Das „Ich" des Menschen, seine Persönlichkeit, erkennt seine Existenz, erkennt sich als der Mittelpunkt von allem und stellt sich als Subjekt allem, was außerhalb liegt – dem Objekt –, gegenüber. Dabei ist das Objekt nicht nur das ganze Weltall, sondern auch Gott. Daher die ständige Versuchung, sich zu erhöhen, alles „Objektive" und – schrecklich zu sagen – auch Gott zu unterwerfen und ihn sich gleichsam als Verlängerung des eigenen Ich untertan zu machen. Und je mehr Begabungen jemand an sich wahrnimmt, desto leichter gleitet er auf diesen Weg ab. Dabei ist ihm der Teufel, der sich Gott und den Menschen endgültig zu Feinden gemacht hat, behilflich.

So mußte denn der Herr einen solchen Weg für die Menschen wählen, daß sie im Jenseits nicht dem Stolz verfielen wie der Teufel, sondern bewußt Gott liebten und sich ihm endgültig, auf alle Zeiten und ohne Möglichkeit des Abfallens unterwürfen.

Und da die dem Stolz entgegengesetzte seelische Eigenschaft die Demut ist, schätzen auch die Heilige Schrift und die Mutter Gottes und die heiligen Kirchenväter die Demut so hoch. Ohne Demut hilft dem Menschen keine Glaubenstat, kann er doch stets dem Stolz verfallen und von Gott abfallen. Den Menschen verbindet auch die Liebe mit Gott, aber ohne Demut kann es auch keine Liebe geben.

1. Versucht der Mensch rein verstandesmäßig zu verstehen, warum Gott zur Erlösung der Menschheit den Weg der Menschwerdung Jesu Christi gewählt hat, wird er unschlüssig und neigt zur Annahme, Gott könne uns auch auf andere Weise erlösen, ja uns einfach unsere Sünden vergeben und uns ins Paradies führen. Darauf gibt der Apostel Paulus eine Antwort: „Die göttliche Torheit ist weiser, denn die Menschen sind" (1 Kor 1,25; vgl. auch 1 Kor 1,18). Der Mensch soll also das Geheimnis der Menschwerdung von Gottes Sohn glaubensmäßig und demutsvoll akzeptieren und sich eingestehen, daß dieses Mittel zur Erlösung notwendig, ja das beste ist.

2. Wäre nicht der Herr selbst Mensch geworden und hätte er nicht für uns gelitten, wären wir gar nicht zur Erkenntnis von Gottes Liebe zum Menschen gelangt. Schwere Leiden – eigene oder der Mitmenschen –, besonders starke Manifestationen des Bösen, Grausamkeit und Lüge in der Welt: dies alles vermag der Mensch irgendwie zu ertragen, sich damit abzufinden, ohne „dem Herrgott das Eintrittsbillett in die Welt", wie Iwan Karamasow sich ausdrückt, zurückzugeben. Hat nicht Gott selbst, der Schöpfer der ganzen Welt, für die Vernichtung des Bösen und zur zwanglosen Hinführung der Menschen zum Reich des Guten und der Liebe gelitten?

3. Wenn der Mensch die ganze Tiefe des Falls schaut, den die Menschheit und er selbst getan, wenn er seine Nichtigkeit und seine seelische Gesetzlosigkeit erkennt, seine völlige Unwürdigkeit, am Gottesreich teilzuhaben;

wenn er sich auch seine Schwäche eingesteht und die Unmöglichkeit, von allein diesem Zustand zu entrinnen (selbst bei einem Neubeginn seines Lebens); wenn er schließlich darob völlig verzweifelt und in eine Hoffnungslosigkeit gerät, welche die alten Heiden und die heutigen Atheisten in den Selbstmord oder zur Gotteslästerung trieb und treibt, dann ist der Ausweg aus dieser Lage der Glaube an Gott. Gott, der zur Erde herabgestiegen und zum Lamm geworden ist, das hinwegnimmt die Sünden, die Greuel und die Fäulnis der Welt. Der Glaube, daß Gott keinen von denen, die sich mit zerknirschtem Herzen an ihn wenden, wegen seiner Sünden wegweist, sondern ihn läutert, wiederherstellt und zu sich nimmt, daß er alle Sünden durch seine Liebe verdeckt und sie vergessen macht – dieser Glaube erhebt jeden großen Sünder zur Würde von Gottes Kindern.

Wären nicht die Menschwerdung und die Leiden des Erlösers gewesen, wie hätten wir an die Möglichkeit einer solchen Liebe Gottes zu uns Menschen glauben können? Nein, wir hätten dies nicht gekonnt und wären der Verzweiflung verfallen, vielleicht auch dem Bösen, und wären zu Feinden des Guten und Gottes geworden wie Satan. Nur die Menschwerdung und das Kreuz von Gottes Sohn können die Menschen erlösen und nicht irgendwelche anderen Mittel. Die Gewalt des Bösen müssen wir erfahrungsgemäß in uns und in der Welt erkennen, um Gottes Opfer ganz zu erfassen und seine Notwendigkeit für die Erlösung des Menschen anzuerkennen.

Lieber ...!

Danke für den Brief. Ich habe O. geschrieben, wer das Reich Gottes ernsthaft erstrebe, müsse einsam sein, und demjenigen, der diesen Weg beschreite, gebe Gott Tröstungen, neben denen sämtliche irdischen Freuden nichts seien. Man darf nur nicht „zurückschauen", nach dem Beispiel von Ignatij Brjantschaninow[21].

Wir müssen alle um die geistliche Weisheit bitten, da es ja auch eine dämonische Weisheit gibt (vgl. Jak 3, 15). Die Menschen sind ihrem Wesen nach und im Grunde ihrer Seele alle besser als in ihrem sichtbaren Leben. Im Sakrament der Taufe haben wir das Ebenbild und die Gnade Gottes erhalten, unsere *Persönlichkeit*, unser Ich. Dies ist eine gewaltige Gottesgabe: Aus dem Nichtsein ersteht ein neuer Mittelpunkt der Selbsterkenntnis, das Ich, welches sich selbst und die ganze Welt erkennt. Das Ich ist dem ganzen All gleich, denn es hat als selbsterkennende Persönlichkeit nicht nur das Universum, sondern auch Gott zum Objekt. Das Ich strebt danach, zu erkennen, zu verstehen, d. h. das ganze Universum und Gott selbst einzunehmen und sich einzuverleiben. „Ihr seid Götter und Söhne des Allmächtigen." Zum Erkennen ist der Mensch von seinem Schöpfer auch aufgerufen, aber nur „auf gesetzlichem Wege". So großartig ist der Mensch! Deshalb scheint er bisweilen auch so schön, obwohl sein wunderbarer Wesensgrund wie begraben liegt, verschüttet vom Unrat der Empirie, d. h. von armseligen Kenntnissen und Gefühlen, kleinem Krimskrams, belanglosen Interessen und Aufgaben usw. (...)

In der Jugend – manchmal auch später – verfügen wir über die Fähigkeit, die Tiefe der menschlichen Seele

---

[21] Vgl. Anm. 13.

durch diese Empirie hindurch zu erfassen. Mit zunehmenden Jahren zwingt uns der ständige Konflikt mit dem Alten Menschen in uns zur Vorsicht diesem gegenüber – dazu ruft uns ja auch der Erlöser auf. Ich möchte mich nicht länger darüber auslassen, obwohl es noch manches dazu zu sagen gäbe. Ich hoffe, daß Du mich auch so verstehst.

Vor einigen Tagen habe ich – zwar nur sehr flüchtig – die „Brüder Karamasow" wieder gelesen. Da wird wahrhaftig die Seele freigelegt! Neben Dostojewskijs Psychologie nimmt sich die wissenschaftliche Psychologie wie eine jämmerliche Parodie aus. Ich war einst so naiv, daß ich zur Erkenntnis der Seele zu gelangen glaubte, indem ich Psychologievorlesungen besuchte. Wie viele Dummheiten macht man als junger Mensch, wenn einen niemand leitet und führt! Ich tappte tatsächlich im Dunkeln. Der „Fürst der Welt" blendet die Menschen derart, daß sie sich wie Blinde vortasten und deshalb von einer Pfütze in die andere treten.

Wenn man ihre Ergebnisse als eine absolute Größe auffaßt, ist die Wissenschaft eine Lüge, wird doch die Wissenschaft von morgen diejenige von heute widerlegen. Die Kunst ist zum größten Teil eine bewußte Fälschung, und was die Politik betrifft, war sie schon immer voller Lug, Trug und Verbrechen, und alles hat man als das Gegenteil ihrer Losungen aufzufassen. Was man schließlich das „Leben" nennt, ist alles eitel, ganz eitel und nur eitel; besonders herrscht schreckliche Kleinlichkeit, Leere und Lüge ohne Ende. Kurz, eine „Zeit der Lüge" und das Reich des Fürsten dieser Welt.

Ich schreibe diesen Brief am Morgen, mit frischen Kräften, weshalb ich auch zuviel geschwatzt und mich ins Gebet der „Philosophie" vorgewagt habe.

Mein Lieber, versuche Dich vom eitlen und oberfläch-

lichen Leben loszureißen und zum Wesentlichen vorzu-
stoßen, von der empirischen zur numenalen Sphäre,
dorthin, wo Wahrheit, Friede und Freude herrschen.
Folge dem Erlöser – er ist der Weg, die Wahrheit und das
Leben. Er ist die Türe; nur durch ihn können wir die
Wahrheit und das ewige Leben erlangen, nur mit seiner
Hilfe der Eitelkeit und dem Reich des Teufels entkom-
men.

Bleibe gesund. Der Herr behüte Dich.

*

1962

Lieber ...!

... Der hl. Isaak der Syrer schreibt in seiner zweiten Ho-
milie: Versuche in deine innere Kammer zu gelangen,
und du wirst die himmlische Kammer erblicken, „denn
die beiden sind identisch, und wenn du die eine betrittst,
siehst du beide. Die Leiter des himmlischen Reichs ist in
dir, versteckt in deiner Seele. Vertiefe dich in dich selbst,
und du wirst dort die Sprossen finden, auf denen du auf-
steigen kannst."

Der Herr hat gesagt: „Das Reich Gottes ist inwendig in
euch" (Lk 17,21). Deshalb schreiben die heiligen Kirchenväter allen so eindringlich vor, nach Möglichkeit
unablässig das Jesusgebet zu sprechen. Durch dieses
nämlich gelangt der Mensch zu sich selbst. Ich schreibe
darüber deswegen jetzt, weil es während der langen Gottesdienste, gerade in den Großen Fasten, besonders be-
quem und leicht ist, das Jesusgebet zu praktizieren, und
zwar über längere Zeit. Ich rate Dir dringend, die Ratschläge der heiligen Kirchenväter nicht in den Wind zu
schlagen. Auf jede erdenkliche Weise will uns der Teufel

von diesem Gebet abhalten. Man muß das wissen, sich dagegen zur Wehr setzen und sich zu diesem wundervollen Gebet zwingen.

Der Herr hat uns gezeigt, wie wir schon hier auf Erden den Weg in sein Reich einschlagen können; wir aber suchen klägliche Brosamen der Wahrheit in Wissenschaft, Philosophie und wo sonst noch immer, anstatt der Wahrheit selbst nachzugehen, im Evangelium und bei den heiligen Kirchenvätern, die das Evangelium in ihrem Glaubensleben verwirklicht haben. Wie jämmerlich sind wir – verdammen uns selbst zu einer unglücklichen, halbtierischen Existenz und machen dazu noch die Mitmenschen für unsere Probleme verantwortlich. Nach unseren Taten werden wir empfangen.

... Wie steht es mit der Gesundheit von Vater Pitirim? Gott liebt ihn sichtlich, da er ihm Leiden schickt, ohne die heute niemand erlöst werden kann. Wenn er nur nicht dagegen aufbegehrt ...

Ich will Dir noch etwas sagen, was mir eben wieder in den Sinn gekommen ist: Wenn Du in den Vorlesungen sitzest, nicht zuhören magst und auch nichts anderes tun kannst, willst Du da nicht das Jesusgebet „üben"? Dieser Ausdruck wird sehr oft verwendet, doch er beweist, daß die betreffenden Leute nicht wissen, was das Gebet ist. Nicht „üben" sollen wir ein Gebet – warum denn nicht gleich von „Training" sprechen –, sondern uns mit größter Ehrfurcht vor Gott hinstellen und den Namen Gottes im Bewußtsein unserer völligen Unwürdigkeit aussprechen und in der Hingabe an seine Gnade und sein Erbarmen aufmerksam und ehrfürchtig die Worte des Gebetes aufsagen.

Das rechte Gebet wird dem Herzen sehr rasch zeigen, wie man zu beten hat ... Uns ist ja das Gebot gegeben: „Betet ohne Unterlaß" (1 Thess 5, 17). Durch das Gebet hebt sich der Mensch gleichsam von der Erde ab; er wird für alles kriechende Getier unerreichbar und frei wie ein Vogel, dem der Käfig aufgetan wird. Das meinen die heiligen Kirchenväter, wenn sie sagen: „Löse dich von der Erde."

Wir aber haben uns im Gegenteil von Gott gelöst und uns an die Erde gebunden; wir kriechen auf ihr herum und ernähren uns von Staub, d. h. von den Leidenschaften, und quälen uns selbst und unsere Mitmenschen. Wir gehen im Schein unseres eigenen Feuerchens und schirmen uns vor dem Licht Gottes ab. Der Teufel versprach Jesus Christus alle Reiche der Welt, wenn er sich ihm beuge, bei uns aber braucht es nur ein Linsengericht (vgl. 1 Mos 25, 27–34), und schon verbeugen wir uns und dienen mit Übereifer, ohne dies zu bemerken. So erblindet die Seele an der Eitelkeit des Lebens. Gedenken wir wieder der Worte: „Hütet euch, daß eure Herzen nicht beschwert werden mit Fressen und Saufen und mit Sorgen der Nahrung" (Lk 21, 34). (...)

Verzeihe die ungefragten Ratschläge. Vielleicht bleibt etwas davon hängen, und ich erleichtere dadurch meine Seele – doch rede ich nur und tue nicht, was ich tun muß. Weh mir!

1962

Lieber ... grüß Dich!

... Ich nehme an, daß Dich Vater P. über das abgefragt hat, was Ihr nicht glaubtet vorzubereiten müssen; er hat das wohl absichtlich getan, und Du bist durchgefallen. Gräme Dich nicht, sondern übe Demut. Wir alle haben Hochmut und Selbstsicherheit im Überfluß. Wir müssen uns wirklich sehr oft eine Blöße geben, um unsere Begrenztheit zu verstehen und zu begreifen, daß wir Gottes Hilfe ständig nötig haben. Wenn alle unsere seelischen Kräfte durch die Sünde verdorben sind, so gilt das ganz besonders für das Bewußtsein unserer Persönlichkeit, für unser Ich.

Als Ebenbild Gottes, als dazu Berufener, Gottes Kind und Teilhaber am Wesen Gottes zu sein, ist der Mensch tatsächlich eine große Kostbarkeit, die mehr wert ist als die ganze Welt. Wir sollten dies realisieren, Gott dafür danken und uns dementsprechend verhalten – aber wie steht es damit? Entweder verkennen wir unsere Größe, oder wir verlieren aus Verdorbenheit unser ganzes Ich in Lappalien, kämpfen für unsere engherzige Eigenliebe, brüsten uns, sind überheblich und machen uns so vor Gott und den Menschen unmöglich. Diese Verkommenheit ist schlimmer als die anderen Sünden und läßt sich auch schwerer heilen, da sie den Grund unserer Seele, unser Fundament, unser Ich berührt.

Das Mittel zur Behebung dieses Leidens ist die Demut, die deshalb auch so wertvoll ist. Ich sage dies ungefähr, ohne den Gedanken genau zu formulieren. Das Thema ist zu weit und zu komplex, als daß es in einigen Sätzen abgehandelt werden könnte. Bis ans Ende des Lebens muß jeder Mensch gegen sein lügenhaftes, sündiges Ich ankämpfen. Der Maßstab des Erfolgs im geistlichen Leben ist die Tiefe der Demut. Deshalb sollen wir von der Hand Gottes jede Erniedrigung, Beleidigung und Kränkung, ja unser Fallen und alles, was sonst noch der Unterdrückung unseres unechten Ichs dient, akzeptieren, und zwar nicht mürrisch, sondern dankbar. Aber auch wenn wir dies bis ans Ende des Lebens tun, vermögen wir uns nicht vollständig von der Eitelkeit und vom Hochmut zu befreien. Ohne Demut kann der Mensch auch nicht irgendwelche Gottesgaben erhalten, ohne Schaden zu nehmen. Deshalb wird auch vorausgesagt, daß in der Endzeit angesichts des zunehmenden Stolzes die Menschen nur gerettet würden, indem sie ihre Leiden und ihre Krankheiten erdulden; die Glaubenstaten aber würden ihnen genommen.

Danke deshalb Gott für dieses und für andere Vorkommnisse, danke auch den Werkzeugen der Vorsehung, durch welche uns der Herr Demut lehrt. Wen der Herr liebt, den straft er ... Gelange durch Erfahrung zu den Wahrheiten des Christentums.

Das Priesterseminar vermittelt einige theoretische Kenntnisse über das Christentum. Mit diesen Kenntnissen ist es auch einem durchaus verdienten Träger des Doktortitels der Theologie möglich, nicht nur nicht an Christus zu glauben, sondern auch die Existenz Gottes zu leugnen. Einzig die Erfahrung und der tatsächliche Umgang mit Christus verleihen den lebendigen, sehenden Glauben. Erworben werden sie mit viel Leid, Versuchungen, mit Fallen und Wiederaufstehen u. a., was alles zunächst zur Demut hinführt, von der es mehrere Stufen gibt, und später auch zu den geistlichen Gaben. Bitte Gott um die Weisheit, Dir auch Deine Sünden und Versuchungen zunutze zu machen, damit sie Dein geistliches Wachstum fördern. Das wichtigste aber ist, stets das Reich Gottes zu suchen.

Der Herr behüte Dich und geleite Dich auf seinem Weg ins ewige Leben.

Verkaufe den Herrn weder für kleine noch für große Dinge. Besser die Armut von Alexios dem Gottesmenschen als die Reichtümer und aller Ruhm dieser Welt![22]

[22] Der hl. Alexios von Edessa, in der russischen Kirche bekannt unter dem Beinamen der Gottesmensch, wurde ca. 360 in Rom als Sohn

Triff ein für allemal Deine Wahl, und halte Deinen Weg
gegen alle Widerstände ein!
(...)

*

1962

Geistlich ist ein Mensch, wenn er den Heiligen Geist an
sich gebracht hat und selbst zum Tempel des Heiligen
Geistes geworden ist. „Ihr seid Gottes Tempel, und der
Geist Gottes wohnt in euch" (1 Kor 3, 16).

Wie man den Heiligen Geist erwerben kann, darüber
sprechen das Evangelium und – besonders ausführlich –
die heiligen Kirchenväter. Das müssen Sie wissen.

Welches sind die Kennzeichen des geistlichen Menschen, wie sie von den Kirchenvätern beschrieben werden? Der geistliche Mensch unterscheidet sich grund-
sätzlich vom seelischen oder vom leiblichen, was hier
fast gleichbedeutend ist. Jener ist der neue Mensch, dieser aber – der seelische – der alte. Was ist an jenem neu?
Alles: der Verstand, das Herz, der Wille, der ganze Zustand, sogar der Körper.

Der Verstand des neuen, des geistlichen Menschen
vermag weit entfernte Begebenheiten wie auch Vergan-
genes und manches Zukünftige zu erfassen; er begreift
das Wesen der Dinge, nicht nur deren Erscheinungen; er
sieht die Seelen der Menschen, der Engel und der Dämonen, und vieles aus der geistlichen Welt, dem Jenseits,
offenbart sich ihm. „Wir haben Christi Sinn", sagt der
„geistliche" Apostel Paulus (1 Kor 2, 16).

---

eines wohlhabenden Senators geboren. Am Tage seiner Heirat verließ
er heimlich sein Elternhaus und lebte insgesamt 34 Jahre unerkannt
als Bettler und Asket in Edessa und in Rom.

Das Herz des neuen Menschen ist fähig, jene Zustände zu „fühlen", von denen geschrieben steht, das Auge habe sie nicht gesehen, das Ohr nicht gehört und das Herz (das leibliche, das seelische, das „alte") nicht wahrgenommen.

Ich habe geschrieben „fühlen", doch das ist ungenau. Man kann sagen: erleben. Dieses Erleben ... und schon halte ich wieder inne im Schreiben; der Ausdruck hat eine subjektive Färbung, und ich spreche deshalb besser von Wahrnehmung. Diese Wahrnehmung durch das Herz also ist so von Glückseligkeit und unsäglicher Freude bestimmt, daß sie die ganze Seele des Menschen erfaßt und ihn mit größter Dankbarkeit zu Gott als Quelle dieses Zustandes, mit Liebe zu ihm und mit dem Wunsch erfüllt, alle Qualen und Leiden für ihn zu ertragen. Dies um ihm zu danken, ihm Gegenliebe zu erweisen und um dieser Wohltaten nicht verlustig zu gehen.

„Wie soll ich dir, o Herr, für alles vergelten, was du mir getan?" So richtet sich auch der Wille des Neuen Menschen gänzlich auf die Liebe und die Dankbarkeit zu Gott, auf den Wunsch, in allem nicht nach dem eigenen Willen, sondern nach dem Willen Gottes zu handeln.

Kurz, der Mensch, der den Heiligen Geist erworben hat, erneuert sich von Grund auf, und er wandelt sich in seinem Verstehen, in seinem Herzen und in seinem Wollen.

Auch der Leib des geistlichen Menschen verändert sich und wird teilweise dem Leib Adams vor dem Sündenfall ähnlich und damit zu „geistlichen Erfahrungen" fähig (auf dem Wasser gehen, ohne Nahrung auskommen, augenblickliches Überwinden großer Entfernungen usw.).

Der Zustand der Geistlichkeit schenkt dem Menschen zudem Erlebnisse und Wohltaten, die der Apostel Paulus in die Worte faßt: „Dieser Zeit Leiden sind der Herrlichkeit nicht wert, die an uns soll offenbart werden" (Röm 8, 18). Der hl. Seraphim hat die Übereinstimmung mit den alten Kirchenvätern darüber so gesprochen: Wenn der Mensch um jenen Zustand der Glückseligkeit wüßte, den es schon hier auf Erden und um so mehr im künftigen Leben gibt, wäre er bereit, tausend Jahre in einer Grube voll scheußlichen, an seinem Körper nagenden Getiers auszuharren, nur um jenen Zustand zu erreichen[23].

Hier noch kurz etwas zum Begriff des geistlichen Menschen und des Geistlichen überhaupt. In den Sakramenten der Taufe und der Firmung[24] kleidet sich der Mensch in Christus (vgl. Gal 3, 27) und in den Heiligen Geist, und es hängt vom freien Willen des Menschen ab, ob er sich ganz vom Sauerteig des Reiches Gottes durchdringen lassen will (vgl. Mt 13, 33), ob er selbst der Sauerteig des Heiligen Geistes und ein neuer Mensch nach dem Vorbild Jesu Christi werden oder all dies durch ein Leben nach dem Gesetz des Alten Menschen unterdrükken will.

Der seelische, der „natürliche" Mensch dagegen nimmt nicht an, was von Gottes Geist ist, da es „ihm eine Torheit ist" (1 Kor 2, 14). Das sehen wir auf Schritt und Tritt, da ja weder wir selbst noch die uns umgeben-

---

[23] Seraphim von Sarow, weltlicher Name Prochor Moschnin (1760–1833), führte 55 Jahre lang ein strenges asketisches Leben als Mönch, teilweise in völligem Schweigen und in absoluter Klausur. Seit 1825 wirkte er als Starez für Tausende, die bei ihm Rat und Trost suchten. Die russische Kirche sprach ihn 1903 heilig und sanktionierte damit die große Verehrung, die er beim Volk genoß. Er gilt als einer der bedeutendsten Heiligen Rußlands der neueren Zeit.

[24] Taufe und Firmung werden in der orthodoxen Kirche zusammen gespendet.

den Menschen geistlich sind und noch im Zustande des Alten verharren. Im besten Fall erkennen wir dies, kämpfen und bemühen uns um das Geistliche, tun jedoch nicht genug dafür. Wir sind auch fähig, geistliche Menschen zu schätzen, nicht aber, sie zu erkennen und zu begreifen, und halten sie aus fremder Meinung geistlich, und auch dies meist fälschlicherweise.

Der leibliche Mensch schließlich ist noch tiefer als der seelische einzustufen. Der Begriff „alt" kann auf beide angewendet werden: Keiner von ihnen ist erneuert. Und doch ist der leibliche Mensch gröber als der seelische, materieller; er glaubt weniger oder überhaupt nicht an Jesus Christus, vom Geistlichen aber hat er nicht die geringste Vorstellung (vgl. Gal 5, 19–21).

Ich weiß nicht, ob diese Erläuterungen Euch zufriedenstellen. Schreib mir, wie Ihr dies aufgenommen habt, Du und die anderen. Sag niemandem, woher Du diese Erklärung hast.

Die weltlichen Menschen (d. h. die seelischen und die leiblichen) nennen jene „geistlich", die ein Priesteramt bekleiden, oder die Mönche oder sogar schon jeden, der ein bißchen im Psalter zu lesen anfängt, zur Kirche geht und geistliche Bücher liest.

Aus dem Gesagten wird ersichtlich, wie falsch das ist. Desgleichen nennt man viele Bücher geistlich, sobald sie von geistlichen Dingen handeln.

Dabei gibt es fast keine geistlichen Bücher. Geistlich sind nur die Heilige Schrift und die Werke der heiligen Kirchenväter. An ihnen kann man durch Erfahrung ein bißchen verstehen lernen, was geistlich ist. Vergleiche die Schriften von Ignatij Brjantschaninow mit denjenigen irgendeines Theologieprofessors![25]

---

[25] Vgl. Anm. 13.

Hier noch zwei Zitate, die das Gesagte bekräftigen: „Diese sind (...) Fleischliche, die da keinen Geist haben" (Jud 19). „Das ist nicht die Weisheit, die von oben herabkommt, sondern irdisch, menschlich und teuflisch" (Jak 3, 15).

In den Schriften der heiligen Kirchenväter steht viel über das Geistliche, über die Vergöttlichung des Menschen durch die Gnade und über den leiblichen und den seelischen Zustand.

Leider haben die seelischen und die leiblichen Menschen keinen Sinn für die Lektüre geistlicher Bücher. Wenn sie aber nur mit dem Verstand lesen, bleiben sie kalt und hungrig, verstehen die Kraft des Geschriebenen nicht und geben das Lesen auf, um sich den Theologieprofessoren zuzuwenden.

Ziehe aus meinem Geschreibsel nicht den Schluß, ich hätte das Geistliche im Menschen aus eigener Erfahrung erkannt. Nein. Doch dem Suchenden gibt der Herr gemäß seinem wahrhaftigen Wort, besonders am Anfang des Weges, etwas von den künftigen Glückseligkeiten zu kosten, um ihn zur weiteren Suche zu ermutigen. Davon sprechen alle, die es erfahren haben.

Wir aber, kaum haben wir eine bescheidene Erkenntnis gewonnen, kehren wie Hunde zu unserem Auswurf zurück und gehen so der himmlischen Wohltaten verlustig. Was bleibt – und auch das nur bei einigen wenigen – ist das Trauern über das verlorene Paradies, ohne daß man sich indes anstrengen würde, dahin zurückzukehren (...)

Bleibe gesund. Es behüte Dich der Herr vor dem Leiblichen und vor dem Teufel.

Grüß' Dich, …!

Deine Briefe habe ich erhalten. Ich will kurz auf einige Stellen eingehen.

„Der Mensch kann das Gute aus eigener Kraft nicht tun, und zwar nicht deswegen, weil er ein gefallenes Wesen ist, sondern wegen seiner ihm in der Schöpfung verliehenen Natur." Woher hast Du diesen unsinnigen Gedanken! Ihn kann ein Christ tatsächlich nur äußern, wenn er nicht normal ist. Was hätte es dann für einen Sinn gehabt, Gebote zu erlassen? Das Gute ist ja die Erfüllung der göttlichen Gebote. Wie kann die Erfüllung der Gebote zur Bedingung des Heils gemacht werden, wenn der Mensch von seiner Natur her außerstande wäre, sie zu befolgen?

Vor dem Sündenfall war der Mensch frei, das Gute zu wählen und zu tun, nachher wurde er zum Sklaven der Sünde. Der hl. Symeon der Neue Theologe [26] sagt, der Mensch habe mit dem Sündenfall die Freiheit verloren, das Gute zu *tun*, und geblieben sei nur die Freiheit, das Gute zu wählen, es vorzuziehen, es zu *wollen*. Um es zu tun, muß sich der Mensch im Gebet an Gott wenden, auf daß er uns die Kraft gebe, das Gute zu vollbringen, das wir wollen. Der hl. Isaak der Syrer sagt dasselbe.

Das Ungenügen in der Erfüllung der Gebote wird durch die Zerknirschung des Herzens wettgemacht.

Ich erdreiste mich zu sagen, daß die Zerknirschung und das Weinen des Herzens über die Übertretungen der Gebote wertvoller sind als deren Erfüllung aus eigenem Willen. Letztere nämlich führt zum Stolz, wodurch das Gute wieder zunichte gemacht wird. Die Zerknirschung

---

[26] Byzantinischer Heiliger, Mystiker und geistlicher Schriftsteller (949–1022).

des Herzens dagegen ersetzt (durch Gottes Gnade) die guten Werke und hält den Menschen in Demut, ohne die alle guten Werke eitel, ja verderblich sind.

Du fragst mich, ob folgender Gedanke des Bischofs Theophan wahr sei: „Die Gnade wirkt nur auf den Verstand und auf die Gefühle ein, den Willen des Menschen aber läßt sie unangetastet."[27]

Es gilt allgemein, daß der Herr (die Gnade an sich) dem Willen des Menschen keine Gewalt antut. Das erzwungene Gute ist nicht das Gute. In diesem Sinne scheint der Gedanke des Bischofs Theophan richtig. An der Hypothese aber, die Gnade wirke nur auf den Verstand und die Gefühle ein, und dies geschehe zur Rettung des Menschen, um ihm das Auffinden der Wahrheit und des Heils zu erleichtern, sind einige Abstriche zu machen. Die menschliche Seele besteht ja nicht aus einzelnen, voneinander unabhängigen Bestandteilen – Verstand, Gefühl, Wille usw. –, sondern sie bildet eine wesensmäßige Einheit. Die Läuterung oder die Erleuchtung von Verstand und Herzen wird auch gnadenvoll auf die ganze Seele, folglich auch auf den Willen, einwirken. Hilft der Verstand der Asketen, der die Wahrheit und die Folgen der Sünden klar erkennt, und hilft das Herz, das zu Gott strebt, etwa nicht der Seele, den Weg des Heils, den Weg zu Gott, zu finden? Und wer den Weg ablehnt, der zur Finsternis, zum Bösen und ins Verderben führt, erfährt eine indirekte Einwirkung auf seinen Willen. Man kann das oben Gesagte wiederholen: Wenn der Mensch das Gute sieht und auf dem Pfade des Heils wandeln will, muß er dazu Gott um Hilfe bitten, das Ge-

---

[27] Gemeint ist wohl der russische Bischof Theophan (G. W. Goworow), genannt „der Einsiedler", Autor asketischer und exegetischer Schriften. Starb 1894.

wollte tun und das, was er nicht hat tun können, durch Zerknirschung „ergänzen".

Übrigens verwenden wir die Begriffe „Zerknirschung des Herzens", „Weinen des Herzens", wissen jedoch kaum oder zuwenig, was sie bedeuten und welches ihre Wirkung ist. So ist es auch in anderen Fällen: Wir gebrauchen Wörter, deren Kraft wir nicht erahnen ...

Hier ist alles beim alten. Wir warten. Bleibe gesund. Der Herr lenke Dich zu allem Guten!

∗

1963

Lieber ...!

Heute habe ich Deinen Brief über die Heiligkeit der Kirche erhalten. Bevor man der Frage nachgeht, warum sie heilig ist, muß man die Kirche definieren oder einen Begriff von ihr geben. Was ist die Kirche? Sie ist der Leib Christi (Kol 1, 24). Ihr Haupt ist Christus (Kol 1, 18). Bei Gott gibt es weder die Vergangenheit noch die Zukunft; es gibt einzig die Gegenwart. „Wie er (Gott) uns denn erwählt hat durch denselbigen (Christus), ehe der Welt Grund gelegt war ... und er hat uns verordnet zur Kindschaft gegen ihn selbst durch Jesum Christ, ... an welchem wir haben die Erlösung durch sein Blut, die Vergebung der Sünden nach dem Reichtum seiner Gnade" (Eph 1, 4–5.7).

Die an Christus glauben, werden durch das Sakrament der Taufe zu Gliedern der Kirche, und im Sakrament der Kommunion verbinden sie sich zu einem Leib und zu einem Geist mit dem Herrn. Wenn sich ein Mensch in Worten oder Taten nicht bewußt vom Herrn lossagt, den Geboten des Evangeliums gemäß zu leben bemüht ist und seine Verfehlungen bereut, ist er nicht potentiell, sondern real heilig, da er ein Glied der Kirche und ein Teil des Leibes Christi ist.

Durch schwere und willentliche Sünden fällt der Gläubige vorübergehend von der Kirche ab und kann sich durch die Reue, diese „zweite Taufe", wieder mit ihr verbinden. Der Beichtvater liest über dem Beichtenden die Worte: „Versöhne und vereinige ihn, o Herr, mit deiner heiligen Kirche ..." Zeigt der Sünder dagegen keine Reue, verharrt er außerhalb der Kirche.

Der Mensch ist nach dem Ebenbild Gottes heilig; desgleichen ist er heilig, weil er sich im Sakrament der Taufe in Christus „einkleidet", und besonders heilig ist er, wenn er Leib und Blut Christi empfängt.

Wenn er die Sünde bekämpft und trotz Verwundungen seinen Kampf fortsetzt, Reue zeigt, von Gott Vergebung und Hilfe erbittet, ist er ein heiliger Soldat Christi, der im Kampf gegen die Sünde manche geistlichen Schätze erwirbt, deren er auf andere Weise nicht hätte habhaft werden können. Wie der menschliche Leib fremde Stoffe durch ein Geschwür abstößt, entfernt der Herr auch die Fremdkörper aus der heiligen Kirche, oder genauer gesagt, sie selber fallen von der Kirche ab. Deshalb bleibt sie auch stets heilig. Sie ist der sakramentale Leib Christi, die Säule und die Grundfeste der Wahrheit. Der vielgepriesene Verstand kann dies nicht begreifen, dazu ist Glaube nötig. „Ich glaube an die eine, heilige, katholische und apostolische Kirche."

Wer durch Erfahrung in das Geheimnis des Christentums eindringen will, muß alle seine Kräfte auf das geistliche Handeln richten und soll nicht versuchen, alles nur mit seinem Intellekt zu verstehen. – Dies einige Überlegungen zu dem von Euch angeschnittenen Thema.

Es erstaunt mich nicht, daß die bulgarischen Professoren – wie auch viele der unsrigen, wenn nicht gar alle – sich von protestantischen Arbeiten inspirieren lassen und sogar deren Auffassungen übernehmen. Der Protestantismus ist Intellekt und äußeres Wissen, die Orthodoxie dagegen das sakramentale Leben in Christus. Manche Menschen haben zu leben aufgehört – es ist leichter, große Überlegungen anzustellen als an sich zu arbeiten, den Alten Menschen in sich zu bekämpfen, zu beten usw. „Das Christentum entfernt sich unmerklich von den Menschen, es bleibt einzig die Heuchelei zurück." Das sind Worte des hl. Tichon von Sadonsk[28], zitiert von Bischof Ignatij Brjantschaninow.

Es behüte Dich der Herr!

1963

Lieber …!
Ich gratuliere Dir, wenn auch mit Verspätung, zum Namenstag und zum Geburtstag. Ich fühlte mich in letzter Zeit schlecht und konnte mich gar nicht dazu aufraffen, zur Feder zu greifen.

Du bist 25 Jahre alt geworden. Du bist schon ein erwachsener Mensch. In der Jugend machen alle einen großen Fehler, indem sie auf die Zukunft verschieben, was sie unter Aufbietung aller Kräfte jetzt tun sollten.

---

[28] Tichon von Sadonsk, weltlicher Name Timofej Sokolow (1724–1783), Bischof, geistlicher Schriftsteller, Pädagoge, Prediger, von der russischen Kirche 1861 heiliggesprochen. Seine Hauptziele waren die innere Erneuerung des Priesterberufs und die Gründung bzw. die Verbesserung der Volksschulen und der geistlichen Lehranstalten. Die letzten 16 Jahre seines Lebens verbrachte er als hochverehrter Starez im Kloster von Sadonsk (Gebiet Woronesch).

Und als Ergebnis davon schwindet die Zeit, der Mensch altert, die Bedingungen können sich zum Schlechteren wenden, oft läßt uns die Gesundheit im Stich – und wir tun nicht, was wir hätten tun müssen, wozu uns der Herr aufgerufen hatte und was Verstand und Herz längstens wußten. Dann bleibt nur noch, das frühere fruchtlose Leben zu bedauern und Buße zu tun.

Gedanken tauchen auf: ‚Wenn es möglich wäre, das Leben wieder von vorne anzufangen, beginge ich manchen Fehler nicht mehr.' Das stimmt überhaupt nicht. Wie im Apfelkern ein ganzer Apfelbaum und nicht eine Espe angelegt ist, so ist auch jede individuelle Persönlichkeit in ihrem Wesen etwas „Unaustauschbares".

Der äußere, empirische, Alte Mensch kann und muß in den neuen umgewandelt werden, der sich nach den Geboten des Evangeliums ausrichtet.

Deshalb gilt folgende allgemeine Regel: In jedem Alter, unter beliebigen Umständen und in jeder Tätigkeit muß man gemäß dem Evangelium handeln. So wird es keine Fehler geben und auch nicht spätes Bedauern und späte Reue. Ob der Erfüllung der evangelischen Gebote wird die *Persönlichkeit* des Menschen, sein göttliches *Ebenbild,* sein numenales Wesen wachsen, sich als Gottes Ebenbild erkennen, sich der äußeren Welt widersetzen und sich über sie erheben. Der Mensch wird eine reale, durchaus wahrnehmbare und fühlbare Verbindung mit Gott aufnehmen, eine Verbindung, die so stark ist, daß keine Winde und Stürme dieser Welt sie ins Wanken bringen können.

Fazit aus dieser Weitschweifigkeit: Fange heute an, sorgfältig auf Dich achtzugeben; übertrete nach Möglichkeit nicht das geringste Gebot des Evangeliums, sei es mit der Zunge, dem Sehen, dem Hören, dem Tasten u. a.

Wer im Kleinen treu ist, wird Macht über vieles erhalten. Verurteile niemanden. Hüte Dich dabei vor dem Hochmut als der giftigsten Schlange, die alles Geistliche, das Du erworben hast, töten und vernichten kann.

Das ist mein Vermächtnis zu Deinem 25. Geburtstag für Dein ganzes restliches Leben. Wie es äußerlich aussehen wird, bleibt dem Willen Gottes überlassen, jedoch soll man stets in seinem Handeln und in seinen Gedanken und in seinem Herzen mit Gott sein. Dann wird alles gut. Das Solideste – die Wissenschaft – verwirft heute die Gesetze von gestern. Die Kunst ist käuflich geworden und dient den Leidenschaften. Auf die Menschen ist kein Verlaß. In Gott allein ist Festigkeit und Friede, Verstand und Freude und ein unerschütterlicher Fels gegen die Stürme des Lebens.

Wie gerne möchte ich, Du nähmest diese Worte nicht nur mit den Ohren auf, sondern mit Deinem ganzen Leben! Das schenkte Dir Rettung, Freiheit von den Menschen und den Umständen und ein friedliches Dasein mitten im bewegten Meer des Lebens. Ich spreche von ganzem Herzen und aus aller Kraft. Ich rate Dir, darüber nachzudenken und entsprechend zu handeln: Es sind die Gebote des Herrn Jesus Christus! Ich erinnere Dich nur daran. Wenn wir an die Existenz Gottes und an Gottes Sohn glauben, müssen wir auch seine Worte aufnehmen wie ein unabänderliches Gesetz, dessen Erfüllung irdisches Wohlergehen und Rettung bringt. Amen.

✻

Hochverehrter, lieber Vater M.!
Obwohl Gottes Ratschluß unerforschlich ist, hat der Herr seinen Heiligen das offenbart, was den Heilsuchen-

den frommt; vieles davon ist zu unserem Trost und zu unserer Erbauung niedergeschrieben worden.

So legen uns die Heiligen dar, daß es in der Endzeit überhaupt kein Mönchtum mehr geben würde, und wenn es an einzelnen Orten äußerlich aufrechterhalten bleibe, so ohne die mönchische Askese.

Jene, die das Reich Gottes suchen, werden keine eigenen Glaubenstaten vollbringen – das Heil wird allein vom Erdulden von Leid und Krankheiten kommen. Warum wird es keine Glaubenstaten geben? Weil in den Menschen keine Demut sein wird, und ohne die Demut bringen die Glaubenstaten mehr Schaden als Nutzen, ja sie können einen Menschen zugrunde richten, da sie unwillkürlich Hochmut und Eitelkeit erzeugen. Einzelne asketische Glaubenstaten können nur unter der Führung ganz erfahrener geistlicher Menschen zugelassen werden, doch findet man solche heutzutage nicht mehr. Der einzige geistliche Vater ist heute der Herr selbst; helfen können auch Bücher, sofern sie vorhanden sind und verstanden werden. Auf welche Weise führt uns denn der Herr? Er läßt Verfolgungen zu, Verspottung, Krankheiten und ein langes, beschwerliches Alter.

Im Gleichnis von den Arbeitern im Weinberg (Mt 20, 1–16) erhalten die in der elften Stunden Gedungenen gleichviel wie die ersten. Dieses Gleichnis läßt sich auf uns heutige Mönche und Sucher des Reiches Gottes anwenden, die wir den ganzen Tag unseres irdischen Lebens nachlässig und sorglos verbracht haben. Trotzdem ruft uns der Herr in seiner grenzenlosen Barmherzigkeit gegen Ende unseres Lebens auf, in seinem Weinberg zu arbeiten, d.h. unser Alter, unsere Krankheiten und den Verlust oder die Leiden der uns nahestehenden Menschen zu erdulden. Wenn wir, ohne zu murren, all dies Schwere ertragen, wird auch uns dieses kurze Ausharren angerechnet werden wie den Arbeitern der elften Stunde, so als hätten wir unser ganzes Leben asketisch gelebt. Mehr noch, Antonios der Große, der Abbas Ischarion und andere versichern, daß die Menschen, die in der Endzeit ihr Heil im stillen Erdulden des Leidens suchen, noch mehr verherrlicht würden als die alten Väter[29]. (...)

Durch eure Geduld werdet ihr eure Seelen bewahren. Der Herr helfe Ihnen, die Ihnen auferlegten Kreuze zu Ende zu tragen. Amen.

✽

Lieber Vater M.,
Ihren Brief habe ich erhalten. Verzeihen Sie, daß ich ihn so lange nicht beantwortet habe. Einmal hinderte mich die Arbeit daran, ein andermal war ich unterwegs; dadurch ist recht viel Zeit verflossen. Vor allem aber fällt es mir auch deswegen schwer, Ihnen zu schreiben, weil Sie weit erfahrener sind als ich, weil Sie mehr erlitten haben und mehr wissen. Was kann ein Mensch Nützliches oder Tröstliches sagen, der sein ganzes Leben in Eitelkeit und Eigenwille verbracht hat? Auf Ihre Bitte hin will ich trotzdem versuchen, Ihnen einen Gedanken mitzuteilen, der gleichzeitig überrascht und tröstet: Das unermeßliche Universum ist von Gott geschaffen – wie groß ist demnach Gottes Allmacht? Im Universum ist alles (das Ganze und jeder Teil, etwa im menschlichen Organismus) wunderbar aufeinander abgestimmt – wie groß muß Gottes Weisheit sein! Und so groß wie Gottes All-

---

[29] Der hl. Antonios (251–356), genannt der Große, ägyptischer Einsiedler und Asket, Ratgeber für Pilger, Vorbild für Tausende von Mönchen, die gleich ihm in die Wüste zogen. – Abbas (= Abt) Ischarion, einer der Wüstenmönche.

macht und Weisheit ist auch „Gottes Herz", d. h. Gottes Liebe.

Diese unvorstellbare Liebe zeigt sich uns in der Menschwerdung des Gottessohnes Jesus Christus, im Hinnehmen von Schlägen, Spott und Hohn und schließlich der Kreuzigung. Diese Liebe ist wahrhaft unvorstellbar und unendlich groß. Die ganze Welt der Engel war bestürzt, als sie Zeuge der Menschwerdung und der Kreuzigung wurde, die der Weltenerschaffer aus Liebe zum gefallenen Menschengeschlecht auf sich nahm.

Der Apostel Johannes versichert durch den Heiligen Geist, Gott habe nicht nur unendliche Liebe, sondern er sei selbst die Liebe.

Die Liebe deckt nach den Worten des Apostels Paulus alles zu. Sie deckt auch unsere Sünden, Mängel, Schwächen, unsere Ungeduld, unser Aufbegehren usw.

Der an Christus Glaubende braucht nur seine Schwächen und Sünden zu erkennen, und schon läutert und heilt Gottes Liebe die Wunden seiner Verfehlungen. Die Sünden der ganzen Welt gehen im Meer der göttlichen Liebe unter wie ein ins Wasser geworfener Stein. Räumen wir der Niedergeschlagenheit, der Hoffnungslosigkeit und der Verzweiflung keinen Platz ein! Der Herr hat die Menschennatur mit dem Wesen Gottes verbunden, er hat mit seinem heiligen Blut die Sünden der ganzen gläubigen Menschheit abgewaschen und hat uns gefallene Menschen zu seinen Söhnen gemacht, er ist in den Himmel aufgestiegen und läßt uns des göttlichen Lebens und der ewigen Freude teilhaftig werden.

Die irdischen Leiden, Krankheiten und Gebrechen des Alters werden uns im Jenseits zur Freude gereichen. Wenn der Herr für uns gelitten hat, wie sollen wir da nicht – wenigstens in bescheidenem Ausmaß – an den Leiden Christi teilhaben!

Unsere Seele, das Ebenbild Gottes, strebt danach, sich an Christi Leiden zu beteiligen; nur unser Kleinmut und unsere Schwäche fürchten sich davor, obwohl wir gewiß genug Kraft zum Ausharren hätten.

Nun schickt Gott aus Liebe zu uns jedem nach seinen Kräften Leiden und Krankheiten, gleichzeitig aber auch die Geduld, sie zu ertragen, um uns zu Teilhabern seiner Leiden zu machen. Wer hienieden um Christi Willen nicht leidet, wird im Jenseits vom Gewissen geplagt werden: Es war möglich, seine Liebe zu Christus unter Beweis zu stellen, man tat es aber nicht, da man allen Leiden auswich und sich vor ihnen drückte. Unser Gewissen wird uns vorwerfen, daß wir auf Gottes Liebe nicht mit unserer Gegenliebe geantwortet haben.

Danken wir deshalb von ganzem Herzen dem Herrn für alles, was ihm auf uns herabzusenden beliebt. Nicht aus Zorn und nicht zur Strafe schickt uns der Herr Leiden und Krankheiten, sondern aus Liebe zu uns, obwohl dies nicht alle Menschen immer verstehen. Deshalb steht auch geschrieben: Sagt Dank für alles. Man muß sich aus ganzer Seele dem trefflichen Willen Gottes überantworten, der uns erlöst und liebt und uns durch die kleinen Leiden des Erdenlebens zur ewigen Glückseligkeit und zur Herrlichkeit der Kinder Gottes hinzuführen trachtet ...

Möge dies mit uns allen geschehen. Amen.

Verzeihen Sie, liebes Väterchen [30], daß ich mich erdreistet habe, etwas zu schreiben. Der Herr wecke in Ihrem Herzen Dankbarkeit, größte Ehrfurcht und völlige Hingabe an seinen heiligen Willen sowie die Bereitschaft, aus Liebe zu ihm alles zu ertragen.

---

[30] Russisch „Batjuschka"; übliche, liebevolle Anrede an Gemeindepriester.

Liebe L. W.,

(...) Wenn alle Gebote sich auf zwei zurückführen lassen, auf die Liebe zu Gott und zum Nächsten, und wenn die Liebe durch die tätige Erfüllung der im Evangelium festgelegten Gebote erlangt wird, muß man auch das Wissen dessen erwerben, was auf dem kürzesten und leichtesten Weg zur Erfüllung dieser Gebote führt. Der weltliche Mensch kann sich auf körperliche Betätigung beschränken; derjenige indes, der seine geistliche Suche intensiver betreibt, benötigt darüber hinaus eine innere Tätigkeit. Der Herr selbst hat in zwei Worten angegeben, worin diese besteht und was in schweren Zeiten besonders not tut: Wachet und betet (Mk 13,33). Und zwar nicht zu irgendwelchen Stunden, sondern immer. Wachen heißt achtgeben auf sich, auf seine Gedanken, auf seine Worte und Gefühle; achtgeben und alles, was dem Evangelium widerspricht, mit dem Jesusgebet vertreiben („betet"). Diese innere Tätigkeit, dieses geistliche Tun ersetzt alles, obwohl auch andere Tätigkeiten zur Erleichterung nicht ausgeschlossen werden. Sich unablässig zum Jesusgebet zwingen, ist der beste Beweis, daß der Mensch mit dem Herrn sein und seine Gebote zu erfüllen gewillt ist.

Sogar im Tempel sprach der Zöllner nur fünf Worte und ging gerechtfertigt von dannen. Die heiligen Kirchenväter sagen, man könne alle Gebete durch das Jesusgebet ersetzen.

Richtig wird dieses Gebet gesprochen, wenn es von unablässiger Reue begleitet wird, wenn es Ausdruck der Zerknirschung über unsere Unwürdigkeit, Sündigkeit und das Bewußtsein ist, daß wir die Gebote des Evangeliums ständig übertreten. Das Gebet des Zöllners war ein solcher Ausdruck der Zerknirschung. Nicht die Stimme, die das Jesusgebet ausspricht, bringt ein Resultat, sondern das Gebet als Ausdruck eines zerknirschten Herzens. Alsbald ruft es Rührung und Herzenswärme hervor, und davon wiederum wird es leicht, das Jesusgebet aufzusagen. Das bewußte, innerliche und äußerliche Erfüllen der Gebote des Evangeliums, das Wachen und das zerknirschte Jesusgebet sind eine unschlagbare Waffe und die einzige, zu welcher wir in unserer Zeit Zugang haben. Diese Gebetsarbeit hält den Menschen stets in geistlicher Spannung und macht ihn weder von Büchern noch von den Lebensbedingungen, ja nicht einmal vom Gesundheitszustand abhängig. Immer – außer vielleicht, wenn man sich in eine Arbeit vertieft, die starke Konzentration erfordert – und überall ist sie zugänglich.

Ich wünsche Ihnen, daß Sie dies verstehen und sich dazu erziehen. Legen Sie sich eine bescheidene, Ihren Umständen und Kräften angemessene Gebetsregel zurecht, und erfüllen Sie zur übrigen Zeit nach Möglichkeit Tag und Nacht die Regel unseres Herrn Jesus Christus: Wachet und betet. Dadurch wird es Ihnen möglich sein, alle kommenden materiellen und seelischen Unbilden abzuwenden.

Vergeben Sie mir, liebe L. W. Schreiben Sie.

1962

Teure N. M.!
Verzeih mir, daß ich Deinen lieben Brief so lange nicht beantwortet habe. Ich fühle mich schwach, und die Gedanken an den Tod wollen mich nicht verlassen. Ich sehe, daß ich, falls ich das Jahr 1963 erleben sollte, es jedenfalls nicht überleben werde. Persönlich ist mir der

Tod willkommen. Ich weiß, daß es ein künftiges Leben und Gottes Erbarmen zu uns gibt und daß für all diejenigen, die an Jesus Christus glauben, die feste Hoffnung besteht, in das selige und nicht in das qualvolle ewige Leben einzugehen.

Die religiösen Wahrnehmungen sind keine Psychologismen, sondern sie sind ebenso real wie die Wahrnehmungen der physischen Welt. Das Erdenleben ist uns nicht zum Genießen gegeben, sondern zur Selbsterkenntnis und zur Erkenntnis Gottes. Der Mensch muß sich im Laufe seines irdischen Lebens entscheiden und unwiderruflich zum Guten oder zum Bösen hin bestimmen, zu Gott oder zum Teufel. Wer Gott und dessen Gerechtigkeit sucht, wird Gott und ein neues Leben finden – hier auf Erden in seinen Anfängen, nach dem Tode aber in seiner ganzen Fülle. Der Egoist hingegen, der auf Erden nichts als den Genuß sucht, wird den Teufel finden, und nach dem Tode wird er ins Reich des Gleichgesinnten kommen, in die Hölle, in die Gesellschaft der schlimmsten Egoisten und Übeltäter. Unser zukünftiges Schicksal liegt in unseren Händen ...

Verzeih, daß ich vielleicht nicht das schreibe, was Du brauchst. Ich bedaure, daß ich diesen Sommer nicht zu Euch gefahren bin und Euch nicht gesehen habe.

Es zieht mich weg von diesem Leben und vom Geist dieser Welt, einem Geist, der die ganze Welt in seine Gewalt genommen hat. Nur von der Seite her können wir die ganze Entsetzlichkeit und den ganzen Schrecken dieser Welt sehen und fühlen. Es gibt nur noch wenige Menschen, die imstande wären, sich den Einwirkungen dieses bösen Geistes zu entziehen. Das ist schrecklich. Man sagt, der Frosch, der dem Blick der Schlange begegnet, könne sich davon nicht mehr losreißen; er quake in seiner Todesangst, ohne wegspringen zu können, und nähere sich der Schlange immer mehr, bis er in ihrem Schlund landet ...

In den Abendgebeten finden sich die Worte: „Entreiße mich, oh Herr, der verderbenbringenden Schlange, die den Rachen aufreißt, mich zu fressen und mich lebendigen Leibes in die Hölle mitzureißen." Dieser Satz ist aus der Erfahrung heraus geschrieben worden. Wer im Wirkungsbereich dieses Geistes steht, fühlt das selber nicht und glaubt auch denen nicht, die sich schon davon losgerissen haben.

Es segne Sie der Herr; er behüte Sie vor allem Bösen und geleite Sie nach dem Tod in die ewige Seligkeit.

Liebe Mutter P., Friede sei Dir und Rettung!
Du bittest mich, Dir zu schreiben. Wie sich ein Ertrinkender an einen Strohhalm klammert, suchst auch Du in Deinem seelischen Durcheinander Unterstützung bei den Mitmenschen. Meine Lebenserfahrung hat mich zur Überzeugung gebracht, daß uns niemand helfen kann, weder wir uns selbst noch andere, sondern allein der Herr.

Dein seelischer Zustand verschlimmert sich nicht nur, sondern wird zeitweilig unerträglich, weil Du wenig Hoffnung auf Gott hast. Du schaust auf Deine Sünden und glaubst, Du müssest für sie von Rechts wegen im Jenseits und auch schon hienieden leiden usw. Wenn man die Dinge so betrachtet, kann man vollends verzweifeln. Darf ein Christ das tun? Wenn der Mensch durch seine eigenen Vorzüge gerettet würde, hätte Jesus Christus nicht Mensch zu werden und für uns zu leiden brauchen. Noch nie ist jemand ausschließlich durch seine eigenen Verdienste ins Reich Gottes eingegangen. Der Mensch muß folgendes verstehen:

1. Er ist „alt", verdorben, gefallen und unwahr, seine Seele ist völlig entstellt usw.:

2. er muß sich davon überzeugen, daß er sich nicht aus eigener Kraft zu bessern vermag, obwohl er unablässig seine Sünden bekämpfen und seinen Zustand beweinen soll;

3. er muß sich an den Herrn wenden wie der Zöllner. „Herr, sei mir armem Sünder gnädig. Ich ertrinke im Meer meiner Sünden, errette mich, Herr Jesus Christus, wie Du all jene errettet hast, die Dich um Vergebung baten, die Verbrecher, die Zöllner, die Huren usw."

„Gott ist Liebe." Aus Liebe zum gefallenen Menschengeschlecht hört der Herr nicht auf, sein gewaltiges Opfer zu vollziehen. Gott Vater schickt seinen Sohn ans Kreuz, der Sohn bleibt bis zum Kreuzestod gehorsam, und der Heilige Geist sucht ohne Abscheu die sündige Seele des Menschen auf, um sie zu läutern und zu erlösen[31].

Was kann der Herr für unsere Seelenrettung noch mehr tun? Gott will nicht den Tod des Sünders, sondern er will, daß dieser sich bekehre und lebe. „Also hat Gott die Welt geliebt, daß er seinen eingeborenen Sohn gab, auf daß alle, die an ihn glauben, nicht verloren werden, sondern das ewige Leben haben" (Joh 3, 16). Das heißt, daß jedem die Rettung sicher ist, der an Christus glaubt und ihn um Erlösung von Sünde und ewiger Qual bittet. Für unsere Reue verspricht der Herr Vergebung und Gnade, und wenn wir bitten, werden wir das Erbetene

---

[31] Vgl. das Gebet zum Heiligen Geist in der orthodoxen Kirche: „Himmlischer König, Tröster (...) und Lebensspender: Komm und nimm Wohnung in uns, reinige uns von allem Makel und errette, o Gütiger, unsere Seelen!"

bestimmt erhalten – das sind die Worte des Herrn. Gottes Wort aber hat die ganze Welt erschaffen und verhindert, daß diese sich in ein Chaos verwandelt. Dasselbe Wort sagt uns die Vergebung der Sünden und das ewige Leben zu, wenn wir glauben und Buße tun. Gottes Wort wird durch die Menschwerdung des Gottessohnes und durch dessen Kreuzesleiden bekräftigt.

An das alles glaubst Du ja. Warum verzweifelst Du denn an Deiner Erlösung? Wie kannst Du annehmen, Gott schicke Dir – hienieden oder nach dem Tod – Leiden, die Deine Kräfte übersteigen? Nein! Deine jetzige Stimmung, Deine Depression, Deine Trauer und das übrige sind des Teufels. Reich ihm nicht die Hand, verjage alle trüben Gedanken mit dem Anrufen des Namens Jesu Christi und dem Gebet des Zöllners und danke dem Herrn für alles: für seine Liebe zum Menschengeschlecht, für seine Langmut Deinen Sünden gegenüber, für die Barmherzigkeit, die er Dir und allen Menschen erweist, für Deine Krankheit – sei für alles dankbar, füge Dich seinem Willen und seiner Güte, und Du wirst Erleichterung empfangen.

Du leidest für Deinen Mangel an Glauben; Du richtest Deine ganze Aufmerksamkeit auf Dich und Deine Sünden und vergißt darob beinahe die Liebe Gottes. Mach es umgekehrt. Gedenke zuerst und stets der Barmherzigkeit Gottes und der Kreuzesleiden Christi um unserer Erlösung willen, und dann erst Deiner Sünden. Mögen Deine Sünden der Anlaß und der Antrieb zum Gebet des Zöllners und zur Vertiefung ins Gebet sein und nicht Grund zur Verzweiflung.

Sei klug. Erliege nicht den Ränken der Feinde; verachte sie, sprich nicht mit ihnen und gedenke des uns erlösenden Herrn. Er lenke hier und im künftigen Leben Deinen Verstand.

Friede Deiner Seele, Mutter P.!

Fast alle stecken wir in der Lage eines Menschen, der auf einem Bild ein üppiges Gastmahl mit einem Tisch voller leckerer Speisen betrachtet, dabei aber hungrig bleibt. Fremdes Brot kann uns nicht ernähren. So lesen wir das Wort Gottes und die heiligen Kirchenväter, so beten auch die meisten von uns, d. h., wir sprechen die Wörter fremder Gebete aus, die Seele aber ist hungrig, leer und kann ohne Nahrung jederzeit sterben.

Wenn die Zeit der Prüfung unseeres Lebenswerks kommt, stellt sich heraus, daß wir nichts besitzen und daß unser Talent keinerlei Früchte getragen hat, schlimmer noch: Wir sind nicht einmal imstande, das erhaltene Talent auch nur zurückzugeben, da wir es wie der verlorene Sohn in Sünde und in weltlicher Eitelkeit verpraßt haben und dabei anderen Menschen noch Lektionen erteilen. Arme Leute sind wir! Was bleibt uns übrig zu tun? Unserem Erlöser Jesus Christus gehorsam sein!

Du fragst, wie Du beten sollst? Christus sagt uns allen, wir sollen beten wie der Zöllner und den Herrn anrufen wie die Witwe den ungerechten Richter. Der Herr lehrt uns auch hier: Mache Dir Deine Armut, Deine unbeglichene Schuld bewußt, erkenne und spüre Deine Fehler vor Gott, vergiß all Deine guten Taten (eigene guten Taten haben wir nicht, und gibt es doch welche, sind sie durch alle möglichen schlechten Zutaten wie Hochmut, Überheblichkeit, Gewinnsucht usw. verschmutzt) und bitte als der Schuldner und als der verlorene Sohn den Herrn um Gnade, d. h. um Vergebung all Deiner Verfehlungen. Bitte um nichts anderes denn Gnade. Wenn der Mensch im Herzen spürt, daß seine Seele vom Aussatz der Sünde befallen und mit Geschwüren übersät ist, daß er zu schwach ist, um sich selber zu heilen, und wenn er schließlich den Tod und das Schicksal im Jenseits vor

Augen hat, dann bleibt nur eine Hoffnung und eine Zu-
flucht – unser Erlöser Jesus Christus! Bis zu dieser Zeit
war er fern von uns, oder genauer, wir waren fern von
ihm; jetzt aber ist er der einzige Erlöser, der vom Himmel herniedergestiegen ist, uns zu retten, der unsere
Sünden auf sich genommen und deren Folgen ertragen
hat. Er hat mit seiner Liebe unsere Verfehlungen zuge-
deckt und uns für unseren Glauben an ihn und für unsere Reue versprochen, alles zu vergeben, Leib und Seele
zu läutern, die reuigen Sünder schon hier auf Erden im
Sakrament der Kommunion mit sich zu vereinen (als
Pfand für die ewige Vereinigung im künftigen Leben),
uns zu seinen Kindern zu machen und uns dadurch an
der ewigen Herrlichkeit Gottes teilhaben zu lassen. Darin besteht das Christentum!

Das ist Gottes Liebe, Gottes Erbarmen mit dem gefallenen Menschengeschlecht. Leid, Bedrängnis, ewige Gewissensbisse, der ewig nagende Wurm und unauslöschliche Feuer im Herzen erwartet jene, die diese Liebe
Gottes verschmähen und Gottes Opfer für uns nicht
würdigen. Es schweige jeder menschliche Leib und stehe
in Furcht und Zittern vor Christi Kreuz [32] und vor Gottes Liebe, die jeden Sünder zur Erlösung durch Glaube
und Reue aufruft. Christus ist nicht gekommen, die an
ihren Sünden erstickende Welt zu richten, sondern sie
zu retten. Tut Buße, das Reich Gottes ist nah! Sünder, erkennt euer Verderben und eure Schuld; suchet nicht
Rechtfertigung in euren guten Taten. Gesteht euch eure
Schwäche und Ohnmacht ein, euch selbst von euren vergangenen, gegenwärtigen und zukünftigen Sünden los-
zumachen. Fleht den einen Allmächtigen, den einen

---

[32] Aus den Gesängen des Karfreitagsgottesdienstes der russisch-orthodoxen Kirche.

Barmherzigen, den einen Erlöser, unseren Herrn, an, und er wird euch vergeben, läutern, euch annehmen, eure Not erleichtern, die Seelenqualen abwenden und uns wie den guten Schächer, die Dirne und die anderen Sünder in sein ewiges Reich aufnehmen ... Amen.

∗

Mutter P.! Friede sei mit Dir!
Es ist nicht das erste Mal, daß Du mir von der Angst vor dem Tod schreibst. Fixierst Du aufmerksam irgendeinen Gegenstand, wirst Du ihn klar erkennen, während die umliegenden Gegenstände verschwommen erscheinen werden. So ist es auch mit der Angst vor dem Tod. Siehst Du den Tod mit den Augen des Alten Menschen, und richtest Du Deine ganze Aufmerksamkeit nur auf die Todesqualen, wachsen diese in Dir ins Unermeßliche und erschrecken Dich. Dazu kommt noch das Wirken der Dämonen. Verharrt man in einem solchen Zustand, kann man völlig aus den Fugen geraten. Auf den Tod soll man gemäß dem biblischen Wort sehen: „Ich habe Lust abzuscheiden und bei Christus zu sein" (Phil 1, 23), wie es der Apostel Paulus tat und wie es alle Heiligen taten. Das Erdenleben ist eine Verbannung zur Besserung. Wie es froh macht, aus dem Gefängnis oder aus dem Lager entlassen zu werden, so macht es froh, oder besser gesagt: unendlich froher, aus dem finsteren Erdenleben zu scheiden. Du wirst sagen: Gut, wenn man ins Himmelreich kommt, was aber, wenn einen die Hölle erwartet? – Was hindert uns daran, ins Himmelreich einzugehen? Es steht geschrieben: „Erfülle das Gebot", dann wirst Du gerettet werden. Da wir nun schwach, verderbt und den Dämonen untertan oder zugänglich sind, hat uns der

Herr die Buße und die übrigen Sakramente gegeben. Bereuen wir aufrichtig, vergibt uns der Herr, d. h., er läutert unsere Seele von den Sündengeschwüren und verheißt dem Reuigen das Reich Gottes. Siebenmal im Tag tust Du Buße und ebensooft erhältst Du Verzeihung. Glaubst Du hingegen nicht an Gottes Wort, wirst Du Dich natürlich fürchten und der Macht der Dämonen verfallen, die Dich quälen werden. Du willst Dich offenbar wie der Pharisäer auf Deine guten Werke berufen, wenn auch vielleicht unbewußt. Sei Du aber wie der Zöllner, d. h., überlasse die ganze Rettung der Barmherzigkeit Gottes und nicht Deinen guten Werken, und Du wirst aus diesem Leben wie der Zöllner treten, nämlich gerechtfertigt, d. h., Du wirst ins Reich Gottes eingehen.

Achte auf diesen Aspekt, erinnere Dich daran, daß der Herr die Menschen nicht zur Qual erschaffen hat, sondern zur göttlichen Freude. Der ganze Himmel freut sich über jeden bußfertigen und damit geretteten Sünder.

Der Tod ist eine Geburt, und eine Geburt geschieht selten ohne Kummer. Doch dieser wird zu Freude, da ein Mensch für das Reich Gottes geboren wird. Halte Dir jede Sünde vor, jeden schlechten Gedanken, den Kleinmut, die Zweifel, die sinnlose Angst vor dem Tod: halte Dir das vor und bereue es allsogleich, und so wirst Du Ruhe und Frieden in der Seele und Hingabe an den Willen Gottes erlangen. Und die ganze Kirche betet für uns: „Ein christliches Ende unseres Lebens, friedlich, ohne Qual und Schande, und ein gutes Bestehen vor dem furchtbaren Richterstuhl Christi: lasset uns erflehen vor dem Herrn ..."[33] Stimme auch Du in den Gesang der Kirche ein.

---

[33] Aus der Bittlitanei zur Vorbereitung auf die Kommunion in der heiligen Liturgie.

Friede sei mit Dir, Mutter N., und Erlösung!

... Du weißt gut, was die alten Väter über unsere Zeit vorausgesagt haben: Die Menschen werden ihr Heil im Glauben, im Erdulden von Not und Krankheit und in der Buße finden. Glaubenstaten haben wir keine. Jederzeit und in allem übertreten wir Christi Gebote; uns bleibt nur, Buße zu tun, auszuharren und zu glauben, daß der Herr Jesus Christus, der gekommen ist, die Verlorenen aufzusuchen und zu retten, auch uns rettet. Daran müssen wir fest glauben. Wer aber auf seine guten Werke setzt, baut sein Haus auf Sand. Die Rettung des Menschen ist eine Gnade Gottes, ein Geschenk Gottes an die gefallene Menschheit, die an Christus glaubt, ihre Verderbnis erkennt und mit der Stimme des Zöllners ausruft: „Gott, sei mir Sünder gnädig."

Von den Werken der Menschen hat Jesus gesagt: „Wenn ihr alles getan habt, was euch befohlen ist, so sprechet: Wir sind unnütze Knechte; wir haben getan, das wir zu tun schuldig waren" (Lk 17, 10). Was heißt, daß wir als Knechte und Geschöpfe Gottes seinen ganzen Willen, d. h. die Gebote, erfüllen müssen; ob aber selbst jener, der alle erfüllt hat, ins Himmelreich eingeht, ist Sache der Gnade Gottes. Nicht unsere Werke, sondern unsere Demut bewegen den Herrn zur Gnade. Den Tod fürchten und sich auf ihn vorbereiten soll man, aber darob verzweifeln und die Hoffnung verlieren, ist des Feindes. Der Herr hat uns allen geboten, jederzeit auf den Tod gefaßt zu sein. Deshalb stammen Träume, die Hoffnungslosigkeit und Verzweiflung hervorrufen, vom Feind. Die Träume von Gott dagegen wecken Rührung und Demut und stärken die Hoffnung auf den Erlöser, der um der Verlorenen und nicht um der Selbstgerechten willen Mensch geworden ist und den Kreuzestod auf sich genommen hat. Die Selbstgerechten halten sich fälschlicherweise des Himmelreichs würdig – sie sind stolz und nur scheinbar gerecht. Alle Heiligen dagegen hielten sich für große Sünder. Das weißt Du selber gut; ich erinnere Dich nur ein bißchen daran.

Deine Absicht, alles wegzugeben oder für Dein tägliches Brot nicht zu arbeiten, stammt vom Feind. Arbeite nach Kräften und setze Deine Hoffnung auf den Herrn, der das ganze Universum ernährt. Wer im Glauben, in angemessener Erfüllung der Gebote und reuevoll Christus entgegenschreitet, wird auch nach dem Tod mit ihm sein. „Wer zu mir kommt, den werde ich nicht hinausstoßen" (Joh 6, 37). Diese Aussage richtet sich an jedermann. Der Christ hat keinen Grund zu verzweifeln ... Sei friedlich und ruhig.

Liebe Tochter!
Ich habe von Dir einen Brief erhalten. Der Herr helfe Dir, diesen Strudel zu überleben, das Meer des Lebens zu überqueren und einen sicheren Hafen anzulaufen. Wie schwer das heutzutage ist, besonders für die jungen Menschen! Bitte unablässig den Herrn und die Gottesmutter um Hilfe. Präge Dir fest ein: Wenn der Mensch aus voller Seele die Sünde zurückweist, kann ihm die ganze Hölle nichts anhaben, denn Gottes Beistand wird ihm gewiß sein. Wenn jedoch der Mensch selbst zur Sünde neigt, mit seinen schlechten Gedanken gleichsam ins Gespräch kommt, anstatt sie zu verjagen wie giftiges Getier, wird der Feind Zugang zum Herzen finden und der Herr die Sünde zulassen. Ebenso läßt der Herr für Hochmut, Stolz oder für ständiges Richten des Nächsten

zu, daß wir fallen. Deshalb soll man wachen und in Gedanken oder im Herzen keine Schlange wärmen, auf daß sie nicht beiße.

Einzig durch das Wachen, durch das Zügeln unserer Sinne (Sehen, Hören, Fühlen) und die nach Möglichkeit ständige Anrufung des Namens Gottes kann der Mensch den Schlichen des Feindes entgehen und sich vor einer schweren Sünde schützen. Mit dem Namen Jesu Christi sollen wir die in uns aufkeimenden sündigen Gedanken und Gefühle vernichten, bevor sie Wurzeln geschlagen haben.

Es gibt keinen anderen Weg und kein anderes Mittel zu unserer Läuterung als „wachen und unablässig beten" und damit fähig werden, alle Heimsuchungen und Werkzeuge des Feindes von unserer sündigen Natur fernzuhalten. Übe Geduld, arbeite, kämpfe, reiche dem Feind nicht die Hand, bleibe dem Herrn treu, und er wird Dich nicht im Stich lassen, wenn auch die ganze Welt wider Dich aufstünde. „Gott ist mit uns! Höret, ihr Heiden, und unterwerft euch, denn Gott ist mit uns!"

Der Herr segne und behüte Dich.

*

Liebe S.!

Heute, am Fest der Enthauptung Johannes' des Täufers, habe ich einen Brief von Dir erhalten, der so traurig und kleinmütig ist, als habe man Dich ins Gefängnis geworfen. Aber nicht einmal im Gefängnis dürfte man so niedergeschlagen sein. Wie sich in der Natur das Wetter ändert, so sicher vollziehen sich auch Wechsel in unser aller Innerem. Man kann doch im Herbst nicht ob dem Wetter verzweifeln, das uns Schlamm und Dreck beschert, obwohl diese Zeit bisweilen schwer zu ertragen ist. Nein, wir wappnen uns mit Geduld und glauben fest, daß der Frühling und der Sommer wieder kommen werden – so wird auch auf Deine Trauer Freude folgen. In Deiner Lage[34] reagieren die Neulinge auf zwei Arten:

1. Sie fühlen sich wie im Paradies ... und kühlen dann ab, werden bedrückt und betrübt, hören auf keinerlei Ratschläge, fügen sich der Obrigkeit nicht mehr. Sie machen das gleiche durch wie Du jetzt, und entweder verlassen sie uns, oder sie halten durch, werden demütig und erlangen durch Selbsterkenntnis Reue, Demut und das verlorene Paradies zurück und danken dann unaufhörlich Gott und allen, die ihnen geholfen haben, ihr Leben so einzurichten;

2. die anderen fangen so an wie Du: Traurigkeit, Niedergeschlagenheit, Kleinmut, Frechheit, Bereitschaft zum Ausreißen, Abscheu vor allem Geistlichen, Grobheiten zu den Mitmenschen, Wunsch davonzulaufen usw.

Das ist der Feind unserer Erlösung, der mit einer ganzen Armee über den Neuling herfällt, um ihm den Eintritt ins Himmelreich zu verwehren, das in uns ist. Du bist jetzt in einem schweren Zustand, der in sehr bescheidenem Maße an die Höllenqualen erinnert. Halte Dir aber auch das Gegenteil vor Augen: Da es Höllenqualen gibt, gibt es auch die unsägliche Freude und Seligkeit, „wie sie das Auge nicht gesehen, das Ohr nicht gehört und das Herz nicht erfahren hat", eine Seligkeit, die in uns verborgen liegt, die das Reich Gottes ist, das wir erstreben sollen. „Trachtet zuerst nach dem Reich Gottes und nach seiner Gerechtigkeit" (Mt 6, 33).

---

[34] Es ist aufgrund des Briefes zu vermuten, daß die Adressatin vor kurzem in die Verbannung geschickt wurde.

Wie können wir das tun? So, wie es alle vor uns getan haben: mit Glauben, Gehorsam, Gebet, Ertragen von äußerer und innerer Not, durch Achtgeben auf sich selbst, durch das Erkennen der eigenen Sünden und durch ständige Reue; dadurch werden wir demütig und hören auf, den Nächsten zu richten. Der Demut folgt die Freude über den Heiligen Geist und das Reich Gottes. Du hast mit Trauern und Niedergeschlagenheit begonnen; das ist gut. Je weiter Du fortschreitest, desto leichter und sicherer wirst Du neue Siege erringen. Ich versichere Dir, daß Du jetzt zeitweise Trost vom Herrn erhalten wirst, der will, daß alle Menschen selig werden und die Wahrheit erkennen. Und der Herr läßt beim Menschen nur so viel Versuchungen zu, wie jeder ertragen kann.

Denke daran, daß Dich der Feind mit dem Ziel angegriffen hat, Dir den Weg des Heils zu verbauen, und wehre Dich mit einem kurzen, am besten dem Jesusgebet, mit Geduld, Arbeit und Gehorsam. Hänge insbesondere nicht in Gedanken Deinem früheren, angenehmen Leben nach, meine nicht, Du könnest auch zu Hause selig werden, Dein Leben wie die andern einrichten usw. Falls Dir das nicht gelingen will, stelle Dir vor, Du wärest für fünf oder zehn Jahre ins Gefängnis gekommen (was ohne weiteres möglich ist). Halte Dir lebhaft ein solches Leben vor Augen, und das Deinige wird Dir im Vergleich dazu paradiesisch vorkommen. In Deiner Lage kannst Du schnell einen Fehler machen, angeklagt werden und unter die Räder des Gesetzes geraten.

Der Herr hat Dir eine Gnade erwiesen; danke ihm jetzt dafür und für alles und besonders auch, daß er Dich in den Kreis seiner Freunde aufgenommen hat. Habe Geduld, meine Liebe, und wenn Du wieder zur Ruhe kommst, wirst Du Dich und Deine Mitmenschen im richtigen Lichte sehen. Vorläufig erscheint Dir alles im falschen Licht des Feindes. Richte niemanden. Höre auf die Vorgesetzten und tu ohne Murren das, was sie Dir befehlen. Wenn Du freie Zeit hast, lies betend den Psalter oder das Evangelium – diese Bücher gibt es bei Euch allemal. Bemühe Dich, überall, voller Aufmerksamkeit und aus vollem Herzen das Jesusgebet zu verrichten.

Einer der Ränke des Feindes besteht darin, Dich in Deiner niedergeschlagenen Gemütsbewegung mit anderen Menschen zusammenzuführen und Dich zu langen Gesprächen und leerem Zeitvertreib anzuhalten. Überwinde Deinen Zustand mit Geduld, Beten, Demut und Dank an den Herrn. Der Herr ist nah. Wenn Du ihn auch nur ein klein bißchen liebst, freust Du Dich über die Möglichkeit, ihm Dein Leben zu weihen und alles für ihn zu erdulden. Gedenke des Lebens Johannes' des Täufers, des Erlösers, der Gottesmutter, der Märtyrer und der Heiligen. Was haben sie nicht alles erduldet! Kann Dein Zustand auch nur entfernt mit ihren Glaubenstaten und Nöten verglichen werden? Lies die Heiligenviten, die es bei Euch bestimmt gibt, und vergleiche sie mit Deiner jetzigen Lage. Schreibe ausführlich über alles, und ich werde versuchen, Dir nach Kräften zu antworten. Der Herr ist mir Dir, und er wird Dich nicht ohne Hilfe und Trost lassen.

Friede sei mit Dir, Schwester!
Was schreibst Du mir so verzweifelte Briefe? Bist Du etwa die Einzige, die es dort schwer hat? Es geht nicht um die äußeren Schwierigkeiten, das verstehst Du ja wohl selbst, sondern um Deine seelische Verfassung. Wohin

Du auch gehen magst, vor Dir selbst und vor dem Feind wirst Du Dich nicht verstecken können. All das Deine würde Dich an einem anderen Ort noch schlimmer quälen als hier. Vergiß das geistliche Gesetz nicht, das da lautet: „Durch viel Trübsale müssen wir in das Reich Gottes gehen" (Apg 14,22); „Will jemand mir nachfolgen, der verleugne sich selbst, und nehme sein Kreuz auf sich, und folge mir" (Mt 16,24); „Seid geduldig in Trübsal" (Röm 12, 12); „Wer bis an das Ende beharrt, der wird selig" (Mt 10,22); „In der Welt habt ihr Angst" (Joh 16,33); „Die Welt haßte sie" (Joh 17,14) usw.

Die heiligen Kirchenväter haben für diesen Gedanken eine einprägsame Formel: „Gib das Blut und empfange den Geist." Dieses Gesetz gilt für alle, die ihr Heil suchen. In jedem Beispiel aus den Heiligenviten findest Du die Bestätigung dieses Gesetzes, beim Vorbild Jesus Christus, bei den Aposteln, Märtyrern, Bekennern, Heiligen. In minderem Maße wurden auch alle anderen, die fromm Christus nachzuleben sich bemühten, verfolgt, verhöhnt, erlitten Krankheiten und innere und äußere Trübsal. Außerdem mußt Du die Prophezeiungen der alten Väter kennen, wonach die Mönche und Nonnen in der Endzeit nicht durch Glaubenstaten ihr Heil erlangen können, sondern allein durch das Erdulden der Trübsal. Das ist derart wahr und unabdingbar, daß das sicherste Anzeichen der Auserwähltheit eines Menschen und der Liebe Gottes zu ihm mannigfaltige Trübsal und Krankheiten sind. Und umgekehrt: wenn sich ein Mensch für gläubig hält, aber keine Trübsal und keine Krankheiten kennt, ist dies nach Ansicht der heiligen Kirchenväter ein Anzeichen dafür, daß der Herr an diesem Menschen kein Wohlgefallen hat.

Beziehe das Gesagte auf Dich. Der Herr, der Dein Seelenheil will und Dich liebt, schickt Dir das Mittel, das jedermann ohne Ausnahme nötig hat: die Trübsal. Und Du? Du verstehst das nicht und hältst die Trübsal und das Leiden für Dich für überflüssig, ja verderblich. Verderblich sind sie tatsächlich, aber nicht für Deine Seele, sondern für Deine sündige gefallene Natur; für den Alten Menschen sind sie verderblich, aber erlösend für den Neuen Menschen. Der Feind weiß das und versetzt Dich in Aufruhr, flößt Dir falsche Gedanken ein und Ungeduld, Verzweiflung, Verurteilen der Mitmenschen, der Lebensumstände und der Obrigkeit usw. Du mußt das verstehen und durch Erfahrung erkennen und dich dem Teufel widersetzen. Gemäß Gottes Wort sind die Leiden und die Trübsal im Erdenleben des Christen nicht nur kein Übel, sondern eine Gabe Gottes: „Denn euch ist *gegeben* um Christi willen zu tun, daß ihr nicht allein an ihn glaubt, sondern auch um seinetwillen leidet" (Phil 1,29).

Die Erträglichkeit der zu unserem Heil notwendigen Leiden und Trübsal hängt von unserer Einstellung ab. Wenn wir Gottes Wort von der Unabdinglichkeit und Unabänderlichkeit der Leiden glauben, wenn wir unsere zahllosen Sünden in Worten, in Taten und Gedanken anerkennen und überzeugt sind, daß wir noch weit schlimmere Leiden verdienen; wenn wir schließlich vor Gott und den Menschen Demut üben, dann werden unsere Leiden erträglich und führen uns zu einer Seligkeit, die teurer ist als die Welt mit all ihren Freuden. Wenn wir dagegen aufbegehren gegen unsere Trübsal und unsere Krankheiten und Schuldige dafür suchen bei den Mitmenschen, den Dämonen und den Umständen, und wenn wir mit allen Mitteln den Prüfungen aus dem Weg gehen wollen, wird uns der Feind dabei behilflich sein. Er wird auf die scheinbar Schuldigen zeigen (die Obrigkeit, die Ordnung, die Nachbarn usw.) und uns zu Feindschaft und Haß gegen sie, zu Rachegelüsten und Beleidigungen anstacheln. Dadurch stürzt er unsere Seele in Finsternis, Verzweiflung und Hoffnungslosigkeit; er weckt in uns den Wunsch wegzuziehen, uns in den Boden zu verkriechen. So vermeinen wir, unseren scheinbaren Feind weder zu sehen noch zu hören. Tatsächlich hören wir dabei auf unseren wirklichen Todfeind (und machen ihm eine Freude) – den Teufel, der uns all das Böse einflößt und uns zugrunde richten, ja bisweilen in den Selbstmord, d. h. in den sicheren, endgültigen Untergang, treiben will.

Willst Du Deinen Seelenfrieden finden und den Trost und die sichere Rettung erwerben, unterwirf Dich der kräftigen Rechten Gottes, und er wird Dich erhöhen, das heißt: Nimm alles, was Dir geschieht, als von Gott und nicht als von den Menschen gesandt auf, denn in Wahrheit kann nichts von dem, was uns zustößt, ohne den Willen Gottes geschehen. Die Menschen und die Umstände sind lediglich Werkzeuge Gottes, die oft nicht verstehen, was sie tun. Jesus Christus hat allen verkündet, die ihm bevorstehenden Kreuzesqualen seien nicht das Werk der Menschen – der Pharisäer, der Schriftgelehrten, Pilatus', Judas' – nein, diese seien nur Werkzeuge: „Soll ich den Kelch nicht trinken, den mir mein Vater gegeben hat?" (Joh 18, 11). Der Kelch des Leidens wurde Jesus Christus nicht von den Menschen gereicht, sondern von seinem himmlischen Vater zur Erlösung der gefallenen Menschheit. So wird auch uns, die wir der Erlösung harren, der Herr den Kelch der Leiden reichen und nicht die Menschen. Wenn der Herr für uns gelitten hat, sag mir, wie sollen wir denn nicht für unsere zahllosen Sünden leiden, die wir zudem nicht einmal sehen?

Wir müssen den Herrn bitten: „Gib mir, meine Sünden zu sehen."[35] Wenn wir diese Gaben erhalten – die Gabe, unsere Sünden zu sehen –, wenn wir ihre ganze Last spüren, wenn wir die ganze Unannehmbarkeit eines sündigen Menschen für Gott realisieren und die Notwendigkeit einsehen, ihre Vergebung und die Läuterung unserer aussätzigen Seele durch Gottes Kraft zu erreichen, dann werden wir vor dem Herrn niederfallen und weinen wie die Sünderin, und wir werden wie der Zöllner aus der Tiefe unseres Herzens ausrufen: „Gott, sei mir Sünder gnädig", vergib mir meine Sünde, läutere meine Seele, mach mich deines Himmelreichs würdig und liefere mich nicht meinen Feinden, den Dämonen, aus.

Werde vor Gott gefügig und sprich wie der gute Schächer: „Wir empfangen, was unsre Taten wert sind (...); Herr, gedenke an mich, wenn du in dein Reich kommst" (Lk 23,41–42). Tu es nicht dem anderen Schächer gleich, der gegen alle aufbegehrte, fluchte, die anderen für sein Leiden verantwortlich machte, wodurch er seine Lage noch verschlimmerte und sich ins Verderben stürzte.

Der Herr hat alles für unser Seelenheil getan, und er will jeden Sünder erlösen: So müssen auch wir selbst uns anstrengen und uns dazu zwingen, so zu leben, d.h. zu handeln, zu denken und zu fühlen, wie dies unser Herr Jesus Christus tat und im Evangelium lehrte.

---

[35] Aus dem Fastengebet des hl. Ephräm des Syrers.

TESTAMENT

Ich bitte alle meine Verwandten und mir nahestehenden Menschen dringend, dem christlichen orthodoxen Glauben fest die Treue zu halten und bis zum Tode alle Anstrengungen zur Seelenrettung mittels Erfüllung der evangelischen Gebote und häufiger (mindestens einmal jährlicher) Beichte und Taufe zu unternehmen. Zeit meines Lebens habe ich den schwersten Umständen und in Zeiten schlimmster Versuchungen Trost im Glauben an den Herrn Jesus Christus und im Gebet gefunden.

Ich bitte euch, einander Mitleid und Liebe zu erweisen und euch gegenseitig in materieller und geistlicher Not zu helfen. Wo Friede und Liebe ist, da ist Gott, da sind Freude und Rettung; Feindschaft und Neid aber sind des Teufels.

Sucht euer Seelenheil.

Igumen Nikon

13. August 1963

Über den Autor

Biographisches Nachwort von Nikita Struwe

Über den Igumen Nikon war bisher wenig bekannt[1]. Er starb am 7. September 1963, mitten in der heftigen antireligiösen Kampagne unter Chruschtschow. Das offizielle „Journal des Moskauer Patriarchats" begnügte sich mit einem kurzen und ungenauen Nachruf in der Rubrik „Zum Andenken an die Verstorbenen", wobei wie üblich die Lagerjahre verschwiegen wurden. Erst jetzt ist eine eingehendere Lebensbeschreibung in den Westen gelangt, in welcher sich ein ungewöhnlicher Lebensweg abzeichnet.

Igumen Nikon (weltlicher Name Nikolaj Nikolajewitsch Worobjow) wurde im Jahre 1894 in einer kinderreichen Bauernfamilie des Gouvernements Twer, Kreis Beschezk, geboren. Seine Grundausbildung erhielt er in der Realschule, wo er Begabungen auf den verschiedensten Gebieten zeigte: in der Musik, in Malerei und Mathematik sowie in den Fremdsprachen. Er wollte zunächst Psychiater werden und trat ins Petersburger Neuropathologische Institut ein, als er einen entscheidenden weltanschaulichen Umbruch erlebte. Er glaubte nun nicht mehr an die Möglichkeit der Wissenschaft, den Menschen zu erkennen, und erfuhr eine echte Hinwendung zu Gott. Nach den ersten beiden Semestern

---

[1] Igumen oder Hegumenos, Vorsteher eines Klosters, auch Archimandrit genannt. Im Falle Nikons, der offensichtlich nie einem Kloster vorstand, hat diese Bezeichnung wohl die Bedeutung eines Ehrentitels.

kehrte er dem Institut den Rücken, begann ein abge-
schiedenes, asketisches Leben zu führen und das Evangelium und die Kirchenväter zu studieren, in denen er das
„einzig Notwendige", das „wahrhaft Wertvolle" fand.

1917 trat er in die Moskauer Geistliche Akademie ein,
die zu beenden ihm nicht vergönnt war, schlossen doch
die Behörden die Akademie im Jahre 1919. Der unaus-
gelernte Student kehrte zum asketischen Leben zurück
und verbrachte zehn Jahre in Einsamkeit und Gebet im
Städtchen Suchinitschi (südwestlich von Moskau).
Mönch wurde er erst 1931 in Minsk, wo er auch die Prie-
sterweihe empfing. Am 23. März 1933, am Tag seiner
Weihe zum Priestermönch, wurde Nikon verhaftet und
für vier Jahre in sibirische Lager verschickt. Nach seiner
Freilassung ließ er sich in Wyschnij Wolotschok (ca.
300 km nordwestlich von Moskau) bei einem Privatarzt
als Hilfskraft nieder.

Als gegen Ende des Krieges manche Pfarreien wieder
geöffnet wurden, erhielt Nikon zunächst eine Ernen-
nung nach Koselsk (in der Nähe von Kaluga, südwestlich
von Moskau), wo ihm jedoch aufgrund übler Nachrede
durch seine Mitbrüder, die den Zulauf seiner Predigten
beneideten, eine Zeitlang die Ausübung des Priesterberufs untersagt wurde. Hierauf versetzte man ihn nach-
einander nach Bjelow, Jefremow und Smolensk, von wo
er – gleichsam in die Verbannung – in eine verwahrloste
Pfarrei der Stadt Gschazk (heute Gagarin, westlich von
Moskau) geschickt wurde. Dort blieb er bis zu seinem
Tod und gewann als Geistlicher, Beichtvater und Starez
große Liebe. Sein Erfolg war so groß, daß ihm einmal ver-
boten wurde, Besucher zu empfangen. Nach seinem eigenen Bekenntnis erreichte er erst in diesem letzten
Lebensabschnitt die „ursprüngliche Demut", d. h. die
nicht verstandesmäßig, sondern mit dem Herzen gewon-

nene klare Erkenntnis, daß wir selber nichts sind außer ein Geschöpf Gottes, daß wir „nichts Eigenes haben, nur die Gnade Gottes".

In den vorliegenden geistlichen Briefen des Starez Nikon ist der starke Volksglaube zu spüren, „der nicht listig ist und grübelt", sondern ein Glaube, der durch die Kenntnis der Psychologie, durch die Kultur und im Kontakt mit den Problemen der Gegenwart die Weisheit erlangt hat. Die Grundlage der Ratschläge Nikons bilden die Menschwerdung Gottes als Offenbarung seiner unendlichen Liebe zum Menschen, und die Realität der Höllenqualen für diejenigen, die sich von dieser Liebe endgültig lossagen. Wie die Kirchenväter und frühchristlichen Asketen, auf die er sich beruft, wird der Igumen Nikon nicht müde, allem voran zur tätigen Demut aufzurufen, „ohne die es im geistlichen Leben keinen Erfolg und vielleicht auch keine Erlösung geben kann".

Trotz ihrer Verwurzelung in der höchsten und reinen orthodoxen Tradition klingen die Briefe des Igumen Nikon modern, da sie nicht vom Verstand her, nicht aus Büchern und nach fremden Worten verfaßt sind, sondern als Ergebnis eines langjährigen inneren Kampfes und aus den verborgenen Tiefen der echten geistlichen Erfahrung heraus.

Das heilige Rußland in Büchern aus dem Verlag Herder

Wladimir Lindenberg

Der unversiegbare Strom

2. Auflage, 144 Seiten, gebunden. ISBN 3-451-19509-7

Tatjana Goritschewa

Von Gott zu reden ist gefährlich

16. Auflage, 128 Seiten, Paperback. ISBN 3-451-20011-2

Tatjana Goritschewa

Die Kraft christlicher Torheit

4. Auflage, 128 Seiten, Paperback. ISBN 3-451-20338-3

K. Ware/E. Jungclaussen

Hinführung zum Herzensgebet

3. Auflage, 128 Seiten, Paperback. ISBN 3-451-19671-9

Aufrichtige Erzählungen eines russischen Pilgers

Herausgegeben und eingeleitet von Emmanuel Jungclaussen
16. Auflage, 240 Seiten, gebunden. ISBN 3-451-21156-4

Russische Ostergeschichten

Herausgegeben von Bernd Rullkötter
2. Auflage, 144 Seiten, gebunden. ISBN 3-451-19453-8

Kallistos Ware

Der Aufstieg zu Gott

192 Seiten, Paperback. ISBN 3-451-19536-4

Verlag Herder Freiburg · Basel · Wien

Das engagierte Zeugnis einer Frau

Tatjana Goritschewa
Hiobs Töchter

Das neue Buch von Tatjana Goritschewa wird in der Diskussion um „den" Feminismus sicher provozierend wirken. Aus eigener Anschauung berichtet sie aus dem Leben von Frauen in der Sowjetunion und in der westlichen Konsumgesellschaft. Aus der Innensicht eines Systems, das die Emanzipation der Frau scheinbar verwirklicht hat, zeigt sie die Schwächen eines einseitigen Feminismus auf. Und aus der Sicht einer im Westen lebenden Christin weist sie nach, wie notwendig es ist, festgefügte Frauenrollen neu zu überdenken. Ihr leidenschaftliches Bekenntnis zum Christentum ist verbunden mit der Hoffnung, die vielschichtigen Probleme von Frauen in unserer Gesellschaft und Kirche lösen zu können.

144 S., Paperback. ISBN 3-451-21043-6

Verlag Herder Freiburg · Basel · Wien